HORST SPITSCHKA · KLAUS JAMIN

Der Schlüssel zur modernen Betriebsorganisation

Weitere Titel der Reihe »Arbeitstechniken«:

314	Erfolgreiche Vorstellung – vorteilhafter Vertragsabschluß
401	Besser, schneller, rationeller lesen
402	Persönliche Arbeits- und Führungstechniken
403	Zeit gewinnen – mehr schaffen
404	Kleine Rhetorikschule
405	Mehr erreichen
406	Wie bewerbe ich mich richtig
408	15 Erfolgsprinzipien für Führungskräfte
410	Die neuen Techniken der Kreativität und Problemlösung
411	Reden ohne Lampenfieber
412	Betriebsgraphologie
413	Die Kunst der Konversation
414	Kleine Denkschule
417	Strategische Aufstiegsplanung
418	Gruppendynamik
419	Der Schlüssel zur modernen Betriebsorganisation
420	10 Führungstechniken für den erfolgreichen Vorgesetzten

HORST SPITSCHKA · KLAUS JAMIN

Der Schlüssel zur modernen Betriebsorganisation

– Praktische Hilfen zur Durchführung –

mi verlag moderne industrie

© 1977 Alle Rechte bei Verlag Moderne Industrie
Wolfgang Dummer & Co., 8 München 50
Schutzumschlagentwurf: Atelier Bert Hug
Satz: IBV Lichtsatz KG, Berlin
Druck: Presse-Druck, Augsburg
Bindearbeiten: R. Oldenbourg, München
Printed in Germany · 590419/1077505
ISBN 3-478-50419-7

Inhaltsverzeichnis

Checkliste 7

1. Einführende Bemerkungen 11

2. Grundlegende Veränderungen im Bereich von Produktion und Verwaltung 15
   2.1. Die Bedeutung der Produktionsfaktoren Arbeit und Kapital 17
   2.2. Neue Entwicklungen auf dem Bürosektor 20
   2.3. Neue Entwicklungen im Bereich der Fertigung 31

3. Der Einfluß von Theorie und Lehre auf die betriebliche Praxis 41
   3.1. Die Entwicklungsstufen der Organisationslehre und deren Einfluß auf die modernen Tendenzen 41
   3.2. Die Organisationen in Forschung, Lehre und Ausbildung 47
   3.3. Die Organisationsstrukturen der Zukunft 49
   3.4. Computergestützte Informationssysteme (MIS) . . . 61
   3.5. Die Anwendungsmöglichkeiten der Systemtechnik . . 66

4. Die Bedeutung der Datenverarbeitung innerhalb der Organisation 70
   4.1. Was ist Datenverarbeitung 70
   4.2. Organisatorische Einordnung der Datenverarbeitungs-Abteilung 80
   4.3. Entwicklungstendenzen in der Datenverarbeitung . . 82
   4.4. Mikroprozessoren und ihr Einsatz 96
   4.5. Die Zukunft des Computermarktes 101

5. Einzelne wichtige Entwicklungen der Organisationen . . . 117
   5.1. Die Veränderungen der Unternehmensorganisation . 117
   5.2. Die Menschenführung 117
   5.3. Die Betriebsorganisation 119
   5.4. Die Managementtechniken 122
   5.5. Die wichtigsten Veränderungen in den Organisationen 127
   5.6. Die besondere Problematik im Bürobereich 129

6. Der Einfluß der Gesetzgebung auf das Unternehmen der Zukunft 133
   6.1. Die Auswirkungen bei Großunternehmen 133
   6.2. Die Auswirkungen bei kleineren und mittleren Unternehmungen 140
   6.3. Die Mitbestimmung in Großunternehmen 142
   6.4. Die Frage des Miteigentums an den Unternehmen . . 144
   6.5. Das Bundesdatenschutzgesetz und seine Auswirkungen auf die Organisation 146

7. Die langfristigen Entwicklungen der Unternehmungen . . 153

8. Die Grundsätze für das Management in der Zukunft . . . 158

Literaturhinweise 159

Checkliste

Sind Sie Ihrer Firma gegenüber so kritisch wie anderen Firmen? Bevor Sie das vorliegende Buch lesen, sollten Sie sich mit den nachstehenden Fragen befassen. Dabei ist es wichtig, den eigenen Standort zu bestimmen und festzuhalten. Diese Standortbestimmung wird auch von der Tatsache beeinflußt sein, ob Sie nur als Beschäftigter in dem Unternehmen tätig oder ob Sie Eigentümer desselben sind, resp. Beteiligungen daran besitzen.

1. Das Unternehmen ist ein
   ☐ Kleinbetrieb ☐ Mittelbetrieb ☐ Großbetrieb mit mehr als 2000 Beschäftigten

2. Das Unternehmen hat folgende Rechtsform
   ☐ Einzelunternehmen ☐ Personengesellschaft ☐ Kapitalgesellschaft

3. Das Unternehmen gehört folgendem Bereich an
   ☐ Industrie ☐ Handwerk ☐ Dienstleistungssektor

4. Welchem Bereich ist es zuzuordnen?
   ☐ dem Rohstoffgewinnungsbereich
   ☐ dem Bereich der Produktionsmittelbetriebe
   ☐ dem Verbrauchsgüterbereich
   ☐ dem Dienstleistungsbereich

5. Wie beurteilen Sie das Firmenimage Ihres Unternehmens?
   ☐ positiv ☐ negativ ☐ weder noch

6. Wie sehen Sie den Führungsstil der Unternehmensleitung an?
   ☐ positiv ☐ negativ ☐ weder noch

7. Ist man in Ihrem Unternehmen Neuerungen gegenüber aufgeschlossen?
   ☐ ja ☐ nein ☐ weder noch

8. Wie beurteilen Sie das Verhältnis Unternehmensleitung – Betriebsrat
   ☐ es ist gut ☐ es ist schlecht ☐ es ist schwankend

9. Wie beurteilen Sie langfristig die Überlebenschancen Ihrer Firma?
   □ sie sind gut □ ich habe Bedenken □ ich habe mir dazu noch keine Meinung gebildet
10. Wie sehen Sie die langfristigen Zielsetzungen Ihres Unternehmens?
    □ sie sind richtig □ sie sind falsch □ wir haben keine Zielplanungen
11. Sehen Sie eine Einschränkung Ihrer Tätigkeit durch gesetzliche Bestimmungen wie z. B. das Betriebsverfassungsgesetz, die Mitbestimmung o. a. gesetzliche Bestimmungen der letzten Zeit?
    □ ja □ nein
12. Kann die Büroarbeit Ihrer Meinung nach in etwa der gleichen Art und Weise und in gleichem Umfang rationalisiert werden wie die Fertigung?
    □ ich glaube ja □ ich glaube nein
13. Wie sehen Sie das Verhältnis von Bearbeitungs- zu Transport- und Liegezeiten im Büro?

	Bearbeitungszeit	Transportzeit	Liegezeiten
□	1	: 100	: 500
□	1	: 10	: 50
□	1	: 1	: 5
□	1	: 5	: 10
□	1	: 1	: 2

14. Wie beurteilen Sie den Informationsstand Ihres Betriebes?
    □ er ist gut □ er ist schlecht □ er könnte besser sein
15. Wie beurteilen Sie den Informationsstand in der Wirtschaft allgemein?
    □ er ist gut □ er ist schlecht □ er könnte besser sein
16. Haben Sie in letzter Zeit Anregungen für Ihre betriebliche Arbeit durch das Lesen eines Fachbuches oder einer Fachzeitschrift bekommen?
    □ ja □ nein □ nicht gelesen
17. Welche der nachstehenden Faktoren beeinflussen heute die Betriebe?
    □ Informationsflut
    □ neue Technologien
    □ Humanisierung der Arbeit
    □ Organisationen werden unüberschaubar
    □ Verlagerung insb. arbeitsintensiver Fertigungen in Entwicklungsländer

18. Glauben Sie, daß durch den technischen Fortschritt Ihr Arbeitsplatz (Betrieb) gefährdet ist?
    ☐ ja ☐ nein ☐ noch keine Gedanken gemacht
19. Unternehmen Sie im Bejahungsfall etwas dagegen und was?
    ☐ Weiterbildung, Umschulung
    ☐ Sehe mich nach einer anderen Stelle um
    ☐ Versuche im Unternehmen eine sichere Position zu erhalten
20. Befindet sich Ihr Unternehmen
    ☐ in einer Phase der Neuorganisation
    ☐ in der Pionierphase
    ☐ in einer Konsolidierungsphase
    ☐ in einer Erneuerungsphase
21. Ist Ihr Unternehmen Ihrer Meinung nach
    ☐ überorganisiert
    ☐ unterorganisiert
    ☐ desorganisiert
    ☐ es bedarf der Reorganisation
    ☐ es müßte neu organisiert werden
22. Ist Ihnen bekannt, welche grundsätzlichen Formen der Mitbestimmung möglich sind?
    ☐ Bestimmung der Zielsetzungen eines Unternehmens
    ☐ Vermögensbildung der Arbeitnehmer
    ☐ Gewinnbeteiligung der Mitarbeiter
23. In jedem Unternehmen laufen bestimmte Prozesse ab. Welche der nachstehend genannten Vorgänge werden Ihrer Meinung nach in der nächsten Zeit die größten Veränderungen erfahren?
    ☐ Informationsprozesse
    ☐ Entscheidungsprozesse
    ☐ Realisationsprozesse
    ☐ Kontrollprozesse
24. Welche modernen Organisationsmittel wurden in den letzten Jahren in Ihrem Unternehmen neu eingesetzt?
    ☐ Elektronische Datenverarbeitung
    ☐ Mikrofilm
    ☐ Textautomaten
    ☐ Terminals
    ☐ andere Organisationsmittel z. B. _____
25. Sind Sie der Meinung, daß Sie über die zukünftigen Entwicklungen in unserer Wirtschaft
    ☐ gut
    ☐ ausreichend
    ☐ unzureichend informiert sind.

1. Einführende Bemerkungen

Die Aufgabe sich mit zukünftigen betrieblichen Entwicklungen zu befassen wird heute den Futurologen überlassen. Diese versuchen uns nun mit mehr oder weniger viel Geschick zu sagen, was wir in Jahren, bzw. Jahrzehnten, zu erwarten haben. Ob wir diese Prognose glauben, ist allerdings Sache jedes einzelnen.

Prognosen zu stellen ist nicht Aufgabe dieser Ausführungen. Bei der Vielschichtigkeit unserer Wirtschaft, deren Unternehmungen und Betriebe und den vielen Sonderentwicklungen, können nur die Teilaspekte aufgezeichnet werden, die im Moment erkennbar sind. Morgen schon werden neue Erkenntnisse auftauchen, von denen heute noch nichts zu ahnen ist.

Nachstehend sollen daher die von den Autoren gesehenen Entwicklungen und Entwicklungstendenzen abgehandelt werden.

Es ist nicht zu übersehen, daß wir in einer Zeit leben, in der grundsätzliche Entscheidungen für die Wirtschaft der Bundesrepublik Deutschland, Europas, ja der ganzen Welt fallen. Die Beeinflussung durch die Technik, der Wunsch der Menschen nach humaneren Arbeitsbedingungen und die Forschungen auf technisch-pragmatischem und theoretischem Gebiet lassen die Behauptung zu, daß wir uns in einer revolutionären Phase unserer Entwicklung befinden. Es bleibt späteren Generationen überlassen festzustellen, ob wir uns nicht doch im Zeitalter der 2. industriellen Revolution befinden.

Das was sich vor allem auf technischem Gebiet abspielt, kann auf jeden Fall als revolutionär bezeichnet werden.

Dazu kommen neue Erkenntnisse aus vielen Wissenschaften wie der Medizin, der Psychologie, der Organisationslehre, der Mathematik, der Raumforschung usw., die unser Weltbild erheblich verändern. Wir gewinnen nicht nur ein neues Weltbild, sondern sind mit dem bisherigen Arbeitsplatz nicht mehr einverstanden, an dem wir einen Großteil unseres Tages verbringen.

Besondere Bedeutung kommt in Zukunft der Mitbestimmung für die menschengerechte Gestaltung der Arbeit zu.

Der technische, wissenschaftliche und wirtschaftliche Wandel äußert sich durch Mechanisierung, Rationalisierung und Automatisierung. Hier schränkt das Betriebsverfassungsgesetz die Handlungsfreiheit des Organisators erheblich ein. Es zwingt ihn, seine Maßnahmen und Einrichtungen auf die Bestimmungen dieses Gesetzes hin zu überprüfen. Die dem Mitbestimmungsgesetz unterliegenden Unternehmungen werden in ihre Organisationsstruktur das Ressort des Arbeitsdirektors aufnehmen müssen. Gewerkschaften und Betriebsrat werden einen kooperativen Führungsstil bevorzugen, da er ihnen die Gewähr für eine humane Arbeitswelt verspricht. Die Entscheidungsfindung kann, und das wird die Zukunft zeigen müssen, verzögert werden. Der Aufsichtsrat wird nicht mehr nur Kontroll- und Überwachungsinstanz sein, sondern sich zu einem selbständigen Führungsinstrument entwickeln.

Im Bereich der Organisationen unserer Wirtschaft gibt es viele parallele, aber auch viele kontroverse Entwicklungen. Die Probleme sind von Unternehmen zu Unternehmen, von Betrieb zu Betrieb verschieden, je nach Größe, Branche, Rechtsform, Standort usw. Es konnten daher nur jeweils Trends abgeleitet werden, bei einer Häufung gleicher betrieblicher, resp. unternehmungsbezogener Erscheinungen. Technologische, soziologische, psychologische, wirtschaftswissenschaftliche und arbeitswissenschaftliche Erkenntnisse und Veränderungen bewirken einen dauernden Anpassungsprozeß.

Weitere, und nicht unbedeutende Einflüsse, werden in Zukunft aus dem politischen Raum, durch den Gesetzgeber, z. B. den Datenschutz, die Strukturpolitik, den Umweltschutz, auf die Unternehmungen zukommen. Es handelt sich dabei grundsätzlich um strukturelle und umweltbezogene Probleme.

Für das, was sich in den Betrieben und Unternehmen heute und morgen ereignen wird, interessiert sich besonders die Betriebswirtschaftslehre, und hier wieder speziell die Organisationslehre.

Wenn in den nachfolgenden Ausführungen immer wieder von »Organisationen« gesprochen werden wird, so ist dies als Oberbegriff zu verstehen. Eine Organisation ist der sinnvolle Ordnungszusammenhang der zur Erfüllung eines wirtschaftlichen Zieles benötigten Menschen und Betriebsmittel. Diesem Organisationsbegriff sind »der Betrieb« und »das Unternehmen« zuzuordnen.

Für die betriebswirtschaftliche Organisationslehre als einem Teilbereich der Betriebswirtschaftslehre kann im Hinblick auf ihre Anwendung folgende Unterteilung vorgenommen werden:

Allgemeine Organisationslehre, insb. Organisationstheorie:
Dabei befaßt sich die *Organisationslehre* mit den Problemen die in allen Betrieben auftreten, während sich die *Organisationstheorie* um erklärende Aussagen über die Kausal- und Funktionalbeziehungen zwischen Betriebswirtschaften bemüht.

Spezielle Organisationslehren:
Dazu gehören die Industrieorganisation, Verwaltungsorganisation, Arbeitsorganisation, u. a. m. Im Bereich der Technik gibt es im strengen Sinne keine selbständige Organisationslehre, sondern hier ist diese in die Arbeitswissenschaft (Beispiel: REFA) einbezogen.

Organisationsmethodik:
Diese besteht aus der Planung, Durchführung und Kontrolle von Organisationsarbeit.

Sachmitteltechnik (Organisationstechnik):
Darunter sind die arbeitstechnologischen Verfahren und die entsprechenden Betriebsmittel zu verstehen.

Verwandte Wissensgebiete sind u. a. die Organisationssoziologie und -psychologie, die Arbeitswissenschaft, die Ergonomie, Bereiche der Mathematik, insb. Operations Research.

Bei der Betrachtung einer Betriebswirtschaft ist es von Bedeutung, ob die technisch-wirtschaftliche Einheit (= *Betrieb*) oder die juristisch unternehmerische Einheit (= *Unternehmung*) betrachtet werden. Kaufleute als auch Techniker sprechen oft von der Betriebsorganisation als der Summe der Regelungen im Bereich der Leistungserstellung, d. h. in der Verwaltung, Fertigung und im Vertrieb (= Betriebsorganisation i. w. Sinne). Zu unterscheiden sind auch die *Betriebsorganisation* i. e. S. (= Fertigungsbereich) und die *Büroorganisation* (= Verwaltungsbereich) sowie die *Personalorganisation* (= Regelung der Aufgaben der Mitarbeiter) und die *Sachorganisation* (= Regelung des Betriebsmitteleinsatzes).

Aufgabe der Organisation ist die Planung, Gestaltung, Steuerung und Überwachung der Organisation. Veränderungen der Aufbau- und Ablauforganisation geben die Probleme auf, die zu untersuchen sind.

Abb. 1: Moderne Entwicklungen im Bereich betrieblicher Organisation

2. Grundlegende Veränderungen im Bereich von Produktion und Verwaltung.

Die Abwanderung der Arbeiter in der Industrie aus dem Bereich der Fertigung in Verwaltungs- und Büroberufe ist ein seit langem zu beobachtender Prozeß. Es gibt Schätzungen, wonach im Jahre 2000 etwa 80% aller Beschäftigten im Büro tätig sein sollen.

Jahr	1900	1975	1980	2000
Verhältnis Angestellte zu Arbeitern	1 Angest. 5 Arbeiter	2 Angest. 3 Arbeiter	3 Angest. 3 Arbeiter	4 Angest. 1 Arbeiter

Abb. 2: Verhältnis Angestellte zu Arbeitern Vergleich 1900–2000

Diese Zahlen lassen sich damit begründen, daß ein Ansteigen der Dienstleistungsbetriebe festzustellen ist und, was viel wichtiger erscheint, die Produktivitätssteigerungen sehr unterschiedlich waren. Während von 1900 bis 1976 die Produktivität in der Produktion um rund 1000% zunahm, war vergleichsweise im Bürobereich die Steigerung mit 50% bescheiden. Es wurde hier verhältnismäßig wenig rationalisiert, d. h. es unterblieben weitgehend alle Maßnahmen die darauf gerichtet sind, mit Hilfe technischer und organisatorischer Verbesserungen, ein Höchstmaß von Leistung bei einem Mindestmaß an Kosten zu erreichen.

Dabei eignet sich auch die Verwaltungsarbeit in gleicher Weise zur Rationalisierung und hat es den Anschein, als sei dieser Bereich in den Betrieben »vergessen« worden. Kenner der Materie bestätigen, daß hier ein Umdenken eingesetzt hat. Die Ausbildung von »Organisatoren« nimmt stetig zu, und die Tatsache, daß das Fach Organisation sogar in Schulen und an Hochschulen unterrichtet und gelehrt wird, kann als Indiz für diese Ansicht gewertet werden.

Der Anteil der Routinearbeiten (= repetitive Tätigkeiten) im Büro ist höher, als man im allgemeinen annimmt. Praktische Erfahrungen haben gezeigt, daß der Anteil nicht meßbarer Tätigkeiten im Verwaltungsbereich (= schöpferische, z. T. leitende und planende Arbeit) im Durchschnitt nur 10% beträgt. Alle anderen Arbeiten lassen sich daher auch in bestimmtem Umfang von Maschinen durchführen.

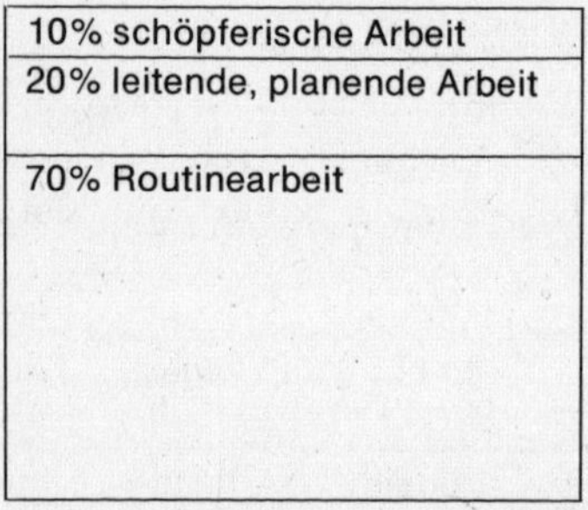

10% schöpferische Arbeit
20% leitende, planende Arbeit
70% Routinearbeit

Abb. 3: Verschiedene Arbeitsanteile im Bereich der Büroarbeit

In der Bundesrepublik sind etwa 10 Millionen Menschen in Büros tätig und davon ist ein hoher Prozentsatz mit der Textverarbeitung befaßt, d. h. sie formulieren, diktieren, schreiben, reproduzieren, transportieren und archivieren. Das erfordert einen Aufwand von 140 Mrd. DM. Wieviel Leerlauf in Büros eintreten kann, zeigt nachstehendes Beispiel:

Einer Untersuchung der New Yorker Management Systems Corp. zufolge haben Sekretärinnen während ihrer täglichen Arbeitszeit nur

- 15% der Zeit mit Schreiben und Korrigieren zu verbringen,
- 11% für Telefonieren aufzuwenden,
- 21% Aktenablage und sonstige Verwaltungsarbeiten zu betreiben, jedoch
- 53% der Zeit verwenden sie damit, daß sie warten, Kaffee kochen und andere, nicht produktive Tätigkeiten durchführen.

(REFA – Nachrichten 5/76 S. 299)

Ein weiteres Beispiel betrifft die Ablauforganisation:

Untersuchungen haben ergeben, daß das Verhältnis von Bearbeitungs- und Transport- und Liegezeiten oft 1:100 oder sogar 1:500 beträgt. Das bedeutet, daß ein Vorgang, der in 15 Minuten erledigt sein könnte, tagelang, eventuell wochenlang braucht, bis er das Haus verläßt.

Neue Techniken, (z. B. Mikroverfilmung, Textverarbeitung, Diktiergeräte, Tischcomputer, Platten, werden hier wohl grundlegende Änderungen bringen.

Auf der anderen Seite ist festgestellt worden, daß der Informationsstand in den Unternehmungen, vor allem was Neuerungen betrifft, äußerst mangelhaft ist. Bei einer Untersuchung des Infratest-Industria-Instituts in München kamen erschreckende Zahlen zum Vorschein. Untersucht wurden dabei 575 Industrieunternehmen in Bayern mit 20 bis 500 Beschäftigten. Vor allem herrschte starke Unkenntnis in Unternehmen von 100–199 Beschäftigten und da wieder in den technisch-fortschrittlichen Branchen wie Maschinenbau und Chemie. Teilweise mußten 90% der Chefs, nach bestimmten Neuerungen gefragt, zugeben, daß ihnen diese unbekannt seien. Als Grund dafür gaben sie an, sie seien überlastet, würden nicht genug informiert werden und es käme überhaupt zuviel Neues auf den Markt.

Gerade diese letzten Feststellungen lassen die Annahme zu, daß das Informations- und Kommunikationssystem in unseren Unternehmen nicht in Ordnung sein kann.

2.1. Die Bedeutung der Produktionsfaktoren Arbeit und Kapital

Seit Gutenberg (Gutenberg E.: Einführung in die Betriebswirtschaftslehre Wiesbaden 1958 S. 23) werden die betrieblichen Produktionsfaktoren ausführende Arbeit, Betriebsmittel und Werkstoffe als Elementarfaktoren bezeichnet. Die zur Kombination erforderliche Arbeit heißt dispositiver Faktor.

Der mit Weisungsrechten ausgestattete dispositive Produktionsfaktor »Betriebs- und Geschäftsleitung« ist als ursprünglich, also originär anzusehen. Die Planung, Organisation und Kontrolle sind davon abgeleitete oder derivative Produktionsfaktoren.

Dieser Ausflug in die Betriebswirtschaftslehre soll die unterschiedliche Bedeutung des Produktionsfaktors Arbeit zeigen, wobei ein Trend zur vorwiegend geistigen Arbeit besteht. Die körperliche und Routinearbeit wird mehr und mehr durch Hilfs- und Betriebsmittel ausgeführt werden.

Abb. 4: Die betrieblichen Produktionsfaktoren

Arbeitsart	Bereich der Arbeitsausführung	Art der Arbeit (Einzelbeschreibung)
vorwiegend geistige Arbeit	Leistungen in der Unternehmungsführung u. oberes Management	schöpferisch, dispositiv, selbständig
	Leistungen in der mittleren und unteren Führungsebene	abgeleitete, dispositive, anordnend
	Leistungen in der unteren Sachbearbeiterebene	nur nachvollziehend ausführend
vorwiegend körperliche Arbeit	Leistungen in der Werksbeschäftigung	ausführend, objektbezogend

Abb. 5: Die Arten der Arbeit

Ein Grund dafür ist, daß die ausführende Arbeit und teilweise der Produktionsfaktor Kapital nicht mehr »ausnutzbar« sind.

Die Entwicklung auf dem *Arbeitsmarkt* ist gekennzeichnet durch eine Verringerung des Produktionsfaktors Arbeit. Dies wird verursacht durch

- den Geburtenrückgang,
- längere Ausbildungszeiten,
- früheres Ausscheiden aus dem Berufsleben,
- Begrenzung des Zustromes ausländischer Arbeitskräfte,
- längeren Urlaub,
- Abwanderung aus der Produktion in den Verwaltungs- und Dienstleistungsbereich.

Durch die bisherige Mechanisierung und Automatisierung ist wider Erwarten der Anteil ungelernter und angelernter Tätigkeiten in der Industrie gestiegen. Diese Tendenz beginnt sich umzukehren, und die Anforderungen an die Arbeitskräfte werden durch die technologische Entwicklung steigen.

Auch der Produktionsfaktor *Kapital* wird sich für die Unternehmen verknappen. Als Gründe können genannt werden:

- Verteuerung der Produktionsmittel,
- Steigende Soziallasten,
- Verringerung des Eigenkapitalanteils am Gesamtkapital,
- Geringere Möglichkeiten zur Fremdfinanzierung,
- Sinkende Kapazitätsausnutzung durch Arbeitszeitverkürzung,
- Schnelleres Veralten der Produkte und Technologien und damit schnellerer Kapitalverzehr.

Die Aufgabe der Unternehmen wird es sein müssen, eine bessere Nutzung des investierten Kapitals zu erreichen. Da Arbeitskräfte (insb. gut ausgebildete) weiterhin knapp sein werden, geht dies nur über eine Verselbständigung der Maschinen. Das bedeutet, es muß eine größere Unabhängigkeit von der Bedienung und eine geringere Abhängigkeit von den hergestellten Produkten angestrebt werden.

Dabei treten Probleme auf, die von außen, also vom Markt her, kommen

- abnehmende Losgrößen,
- größere Produktvielfalt,
- höhere Ansprüche an die Qualität der Produkte,
- geringere Fertigungszeiten, die vom Kunden verlangt werden.

Nicht berücksichtigt sind die Fragen der technischen Lösung der dazu benötigten Betriebsmittel.

2.2. Neue Entwicklungen auf dem Bürosektor

Wie bereits erwähnt, vollzieht sich in verschiedenen Betrieben der Technik eine nahezu revolutionäre Entwicklung. Nicht nur die Erfindung der Mikroprozessoren, sondern eine Vielzahl anderer Neuerungen auf dem Gebiet der Elektronik, der Nachrichtentechnik, Energietechnik usw. sind hier zu nennen. Völlig neue Fertigungsverfahren, andere Arbeitsmethoden und Arbeitsweisen werden das Bild des Unternehmens von heute verändern.

Wir sind geneigt, spektakuläre Zeitungsberichte so abzutun, als ob sie nicht jeden einzelnen von uns beträfen. Zu denken ist z. B. an den »Dolmetscher-Computer«. Dieser von der »Gesellschaft für Mathematik und Datenverarbeitung« vorgestellte Computer ist in der Lage, russische Texte ins Englische zu übersetzen.

Er hat zwar nicht das sprachliche Feingefühl eines guten Dolmetschers, kann aber 300 000 Wörter pro Stunde in die andere Sprache übertragen. In vielen Fällen des betrieblichen Alltags genügt es, wenn Quantität der Qualität vorgezogen wird.

Viel Interesse fanden auch die technischen Veränderungen im Druckgewerbe, denen eine spätere Auswirkung auf viele Bereiche der Bürotätigkeit und der Technik (z. B. in der Arbeitsvorbereitung, Fertigungssteuerung usw.) zugerechnet werden muß. So nehmen die

Redakteure jetzt vor einem Bildschirm Platz, wenn sie Artikel für die Zeitungsproduktion vorbereiten. Mit Hilfe einer Schreibmaschinentastatur und einiger weiterer Tasten für Befehle zur graphischen Gestaltung füllen sie ein Formular aus, das auf Knopfdruck am Bildschirm aufleuchtet. Das Format des Artikels, die Schlagzeilengröße können durch Steuerung vom Menschen ohne Schwierigkeiten verändert werden.

Die Textverarbeitung

Der Begriff der Textverarbeitung umfaßt den gesamten Bereich des Diktierens und Schreibens. Das Ziel einer rationellen Textverarbeitung ist es, den Schriftverkehr billiger und schneller zu führen. 70% des täglichen Schriftverkehrs besteht aus Formular-Schriftverkehr, Schema-Briefen und Korrespondenz, die sich in ihren sachlichen Inhalten laufend wiederholt.

Das ermöglicht die Textprogrammierung, wobei einzelne Textbausteine herausgezogen und in ein entsprechendes Ordnungssystem gebracht werden, was in einem Texthandbuch geschieht. Der Korrespondent diktiert den größten Teil der Briefe nicht mehr. Er gibt einzelne Nummern aus dem Texthandbuch an, evtl. mit einigen Einfügungen und die Schreibkraft beschränkt sich dann nur noch auf das Eintippen der Textbausteine-Nummern und der Einfügungen in den Schreibautomaten. Diese Methode kann auch zum Schreiben von Auslandskorrespondenz angewandt werden. Dem Einsatz von Schreib- und Textautomaten werden große Zukunftsschancen gegeben, wobei eine große Umstellung innerhalb der Textverarbeitung in den Unternehmen zu erwarten ist.

Es wird geschätzt, daß in der Bundesrepublik Deutschland etwa 10 Millionen Mitarbeiter mehr oder weniger mit der Produktion und dem Verarbeiten von Texten befaßt sind.

Durch die Einführung von Schreibzimmern, d. h. durch eine Zentralisation der Schreibtätigkeiten, konnten allein schon Einsparungen von 30–40% erzielt werden. Die Kosten für einen Schreibplatz werden mit ca. 40000,– DM angegeben, wobei eine Schreibdame das Schriftgut von 5 Sachbearbeitern erledigen kann. Die sonstigen anfallenden Arbeiten können von einer Verwaltungssekretärin für 20 Büromitarbeiter übernommen werden.

Die moderne Entwicklung geht aber noch weiter.

In Zukunft entstehen Briefe aus dem Computer, d. h. es wird die computerunterstützte Textverarbeitung betrieben, wobei die Schreibmaschinen an zentrale Datenstationen angeschlossen werden. Vielfach werden angekreuzte Formulare als Eingabe benutzt, um die vorformulierten gespeicherten Textbausteine abzurufen. Dabei geht die Entwicklung dahin, auch individuell gestaltete Briefe schreiben zu können.

Trotzdem sind auch heute noch Registraturen und Karteien »die Informationssysteme«.

Die kleinen Unternehmen werden auch noch längere Zeit diese Art von Datenspeicherung betreiben. Mittlere und Großunternehmen bedienen sich der Mikroverfilmung oder der Speichermöglichkeiten eines Computers. Mit Hilfe von Datensichtgeräten oder Bildschirmarbeitsplätzen können die gespeicherten Akten wieder aufgerufen werden. Auf jedem Sachbearbeiter-Schreibtisch steht ein Bildschirm, on-line, (direkt) mit dem Zentralrechner verbunden. Es wird daher auch von der aktenlosen Verwaltung gesprochen.

Die Zielvorstellungen gehen dahin, daß sich Firmen ab 10 Beschäftigten einen Computer leisten können. Hier ist die Industrie dabei Geräte zu entwickeln, bei denen keine Programmieraufgaben mehr übernommen werden müssen und Standardlösungen (Modularprogramme) mit kurzfristiger Ausbildung für das Bedienungspersonal bei leichter Anpassung an individuelle Gegebenheiten vorhanden sind.

Wer die Textverarbeitung einsetzen will, sollte dabei folgende Punkte beachten:

1. Sind die Schriften und Texte nach Schriftgutachten sortiert worden?
2. Sind die Texte von der Fachabteilung kritisch überprüft worden, sind Änderungen durchgeführt worden, wurde etwas hinzugefügt, wurden Streichungen angebracht?

3. Ist eine numerische Überprüfung durchgeführt worden?
4. Sind die Daten in einem Rechenzentrum erfaßt worden?
5. Sind von einem Rechnerprogramm Häufigkeitsanalysen, Strukturanalysen, Informationsgruppenanalysen, Informationsstrukuranalysen entwickelt worden?
6. Wurde ein Texthandbuch den Fachabteilungen vorgelegt?

Textverarbeitung mit Mikroprozessoren

(Siehe auch Kapitel 4. 4.)
Es gibt verschiedene Geräte auf dem Markt, die sowohl eine reine Textverarbeitung durchführen können, wie sie oben beschrieben worden ist, als auch individuelle Texte bearbeiten können, die nach Diktat gespeichert worden sind. Sie werden nach Korrekturen automatisch niedergeschrieben. Dazu können sogenannte Textbausteine, die im System gespeichert sind, nach Bedarf abgerufen werden. Ein beispielhaftes Textsystem besteht aus einem sehr schnellen leistungsfähigen *Mikroprozessor* (Computer), einem Schreibplatz mit Tastatur und einem Bildschirm. Dazu gehört eine Speichereinheit mit einem Laufwerk mit zwei kleinen Magnetplatten (Floppydisk-Laufwerken). Dazu gehört selbstverständlich auch eine Schreibmaschineneinheit, die die Texte ausgibt. Hier soll nur die Bildschirmeinheit und ihre Möglichkeiten beschrieben werden. Über die normale Textverarbeitung hinaus, können, wie bereits erwähnt, individuelle Texte nach Diktat gespeichert werden. Dieser Text kann fortlaufend auf dem Bildschirm erscheinen, auch mit Zeilen von einer bestimmten Länge z. B. 130 Zeichen. Texte können beliebig lang und fortlaufend sein und lassen sich ohne Bildsprünge lesen. Mit Hilfe eines Positionsanzeigers können auf dem Bildschirm Korrekturen vorgenommen werden, die das System sofort einfügt. Zeilenumbrüche und Worttrennungen werden dabei sofort durchgeführt.

Dieses System hat vor allem bei individuellen, nicht programmierbaren Texten, z. B. bei wissenschaftlichen Berichten und Abhandlungen, vor allen Dingen dann, wenn der Autor selbst noch einmal vor dem Schreiben eingreifen will, in der Zukunft seinen Platz in einem modernen Betrieb.

Schreibautomaten für Textfernübertragung

Aber auch die arbeitsplatzorientierte progammierte Textverarbeitung mit hohem Text- und Datenanfall, bei der die Texteingaber dezentral in den Abteilungen, die Druckausgabe abe zentral erfolgen soll, ist mit Hilfe der Datenverarbeitung bereits gelöst.

Dieses System eignet sich vor allem für Unternehmen, die über eine Vielzahl von Außenstellen verfügen. Die Texte können bei diesen Außenstellen sowohl zur Zentrale übertragen und dort ausgedruckt werden, als auch von der Zentrale zu den dezentral installierten Automaten übermittelt und ausgegeben werden.

Auf diese Weise ist eine Beschleunigung und Verbesserung der Kommunikation und Information innerhalb der Gesamtunternehmung gewährleistet.

Diskussion zur Textverarbeitung

Ist Textverarbeitung inhuman?

Durch die Textverarbeitung werden die Menschen, die an Schreibmaschinen sitzen und sich dort wohl fühlen, verunsichert. Aus diesem Grunde ist es wichtig, mit den betroffenen Personen im Betrieb über die Bedeutung der Textverarbeitung zu sprechen. Die Textverarbeitung hat eine große Bedeutung für die Wirtschaft, denn sie hilft Kosten sparen, weil sie *die* Texte automatisieren kann, die immer wieder vorkommen. Wer gegen die Monotonie ist, muß für die Automatisierung sein. Im Bereich der Angestellten gibt es, selbst in Zeiten der Arbeitslosigkeit, praktisch keine arbeitslosen qualifizierten Schreibkräfte. Der Mangel an Schreibkräften wird im Gegenteil immer weiter ansteigen, weil auch der Kommunikationsbedarf immer weiter im Ansteigen ist und nicht mit Hilfe der Textverarbeitung abgedeckt werden kann. Außerdem werden in der nächsten Zukunft aufgrund der Bevölkerungsstruktur immer mehr

Frauen aus dem Berufsleben ausscheiden, die aufgrund der Kriegsfolgen ihren *Mann* im Büro stehen mußten. Weiterhin ist die Tendenz abzusehen, daß nach den geburtenstarken Jahrgängen aufgrund des Pillenknicks das Interesse an den Büroarbeiten wieder geringer werden wird.

In der Zukunft geht es um die *sinnvolle Trennung* von Schreib- und Verwaltungstätigkeiten. Sicher ist es kein besonderes Erfolgserlebnis wenn ein bestimmter Standardbrief 10- oder 15mal am Tag geschrieben wird. Hier ist es besser, die Arbeit einem modernen Schreibautomaten zu übergeben, der einerseits einfach zu bedienen ist, andererseits aber auch nur diese Art von Briefen wirklich gut bearbeiten kann. Die Chefsekretärin wird auch in der Zukunft unentbehrlich sein. Die Textverarbeitung ermöglicht eine *niveaumäßige Anhebung* der Schreibkraft durch:
- geregelte Arbeitszeit
- Möglichkeit der objektiv zählbaren Ergebnisse
- Unabhängigkeit vom Diktierenden
- Vielfalt der Tätigkeiten
- größere Transparenz der Abläufe
- Aufstiegsmöglichkeiten von der Schreibkraft zur Sekretärin oder Sachbearbeiterin.

Das Telefonkopieren (Fernkopieren)

Das Fernkopieren über Telefon ermöglicht die Schnellkommunikation von Texten, Zahlen und Bildern ohne jede zeitraubende Konvertierung (= Umwandlung). Bis jetzt liegt der Einsatzschwerpunkt im innerbetrieblichen Bereich z. B. zwischen dem Mutterhaus von Konzernen und den Filialen. Die schrittweise Verbreitung im außerbetrieblichen Bereich ist erkennbar, so daß es in Konkurrenz mit dem Fernschreiber getreten ist. Der Vorteil des Fernkopierens liegt in seiner Fähigkeit, bereits vorhandene Unterlagen und alle nicht alphanumerischen Informationen (Zeichnungen, handschriftliche Bemerkungen, Diagramme usw.) originalgetreu zu übertragen. Er eignet sich daher insbesondere für die innerbetriebliche Kommunikation und zum Verkehr mit einem bestimmten und festgelegten Teilnehmerkreis. Diese Technik kann einmal die Übermittlung von Briefen bzw. Schriftstücken jeder Art durch die Post überflüssig machen.

Bei der Verkürzung der Informationswege im Unternehmen wird ihm in Zukunft eine entscheidende Rolle zukommen, ähnlich dem Dialogverkehr mit dem Computer.

Fernschreiben	Fernkopien
standardisierte, weltweite Verbreitung und vollständiges Teilnehmerverzeichnis	an jedes Telefon, auch an Fernsprechnebenstellenanlagen anschließbar
gebührengünstiger Fernverkehr	Übertragungsmöglichkeiten bereits erstellter Unterlagen, Tabellen, Diagramme, Zeichnungen, Unterschriften, handschriftlicher Notizen
Schriftlicher Dialog mit Partner, Vermittlungseinrichtung und Computer	
Textverarbeitung in Verbindung mit Fernschreibnebenstelleneinrichtungen	gebührengünstiger Nahverkehr
	Originalwiedergabe

Die Mikroverfilmung

Erfahrungswerte sagen, daß eine Arbeitskraft in einer Stunde 38 ordnungsgemäß archivierte Blätter in Ordnern ablegen kann. Demgegenüber spart die Mikroverfilmung 40–60% der Verwaltungskosten und 90% des Platzbedarfes. Bei den Wasserwerken der Stadtwerke München hatte man zur Archivierung von 2 Millionen Aktenseiten im Format DIN A 4, deren Zahl um jährlich 42 000 stieg, 300 Aktenschränke benötigt. Dies erforderte einen Kostenaufwand von 180 000,– DM. Nach Umstellung auf Mikrofilm, bei 24facher Verkleinerung, sind nur noch 7 Schränke notwendig. Die im Moment gebräuchlichen Mikrofilm-Systeme (Rollfilmsystem, Jacket-System, Mikrofilm-Lochkarten-System) werden von Dokumentationssystemen (Mikrofilm-Datenbank-System) ab-

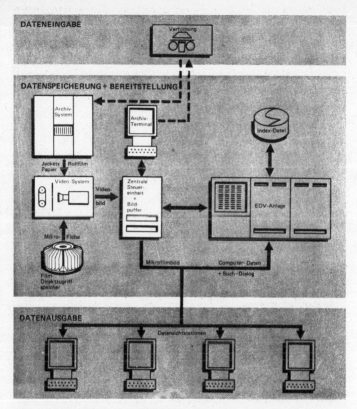

**Abb. 6: Konzeption eines Mikrofilm-Daten-Bank-Systems
aus: Jamin-Brenneis: Praktisches Lehrbuch der Datenverarbeitung, München 1975, S. 113**

gelöst werden, die es erlauben, daß mit einem Bildschirmterminal der Zugriff zu allen bildhaften (also statischen) und allen dynamischen Daten erfolgen kann. Darüber hinaus sollten zumindest einige Bildschirmgeräte die Daten auch als Hardcopy ausgeben können. Die Konfiguration wird daher aus einem Mikrofilmspeicher mit entsprechenden Abfrage- und Übertragungseinrichtungen (z. B.

Video) einem Terminal-Computer und aus einer entsprechenden Anzahl von Datensichtstationen mit Ausdruckseinheiten sowohl für Texte als auch für graphische Darstellungen bestehen. Der Terminal-Computer hätte dabei die Aufgabe, die Thesaurierung (= Horten, Ansammeln) und die logische Verknüpfung der Indexbegriffe durchzuführen sowie die Verbindung zur zentralen EDV zu schaffen.

Die elektronische Datenverarbeitung

Dieser werden wegen der Wichtigkeit und Bedeutung eigene Kapitel gewidmet, so daß hier lediglich der Hinweis genügen muß.

Neuerungen und Verbesserungen der Informationsgewinnung und -verarbeitung

Im Bürobereich gibt es aber auch einige Entwicklungen, die, wenn auch nicht so spektakulär wie die bisher besprochenen, dennoch grundlegende Veränderungen herbeiführen werden. Beispielhaft seien genannt:
- Diktiersysteme: z. B. Diktiergeräte, Ferndiktiersysteme. So werden von den einzelnen Mitarbeitern die zu schreibenden Texte per Telefon auf ein Band gesprochen. Im zentralen Schreibbüro erstellen die Korrespondentinnen dann die Briefe. (Sterndiktatsystem)
- Telefon-Anrufbeantworter: Diese verfügen heute über die Möglichkeit der Fernabfrage, d. h. von jedem beliebigen Telefonanschluß aus können die angekommenen Gespräche abgehört werden.
- Kopier- und Drucksysteme: Hier sind besonders die Elektrophotographie, das Farbkopieren und die Vervielfältigung mit Folien-Kopiermasken zu nennen.

Das Voice Data Entry-System

Dieses will die Ausschaltung manueller Tastenbetätigung und jeglicher Übertragungsmedien (Datenträger) erreichen und damit die direkte Befehlseingabe durch das gesprochene Wort (Vocograph durch Großcomputer). Dieses System ist noch in der Entwicklung, wobei sich positive Ergebnisse abzeichnen. Sollten die Forschungen eine Lösung der noch offenen Probleme (undeutliche Sprache führt zu Fehlern etc.) bringen, so wird das zu Auswirkungen führen, die in ihrer Tragweite noch nicht abzusehen sind.

Die flinkesten Dactylographinnen schaffen in der Minute 400–500 Anschläge. Der Informationsfluß der deutschen Sprache liegt bei 40 Bit/s, d. h. bei 2000–2500 Bit/min. was eine Steigerung um das Fünffache bedeutet.

Konferenzgespräche

Seit Mai 1976 gibt es bei der Bundespost ein Verfahren, bei dem mit Hilfe des öffentlichen Fernsprechnetzes Konferenzen abgehalten werden.

Was ist nun ein Konferenzgespräch? Während bei einem normalen Telefongespräch 2 Telefonapparate miteinander verbunden sind, nämlich der des Anrufers und der des Anrufenden gibt es durchaus Fälle, bei denen mehrere Gesprächspartner miteinander telefonieren und sprechen wollen. Die Bundespost möchte die Personenkreise erreichen, die z. B. in Zweigstellen an verschiedenen Orten tätig sind und wichtige Konferenzen abhalten müssen. Das betrifft z. B. die Vorstandsmitglieder großer Unternehmen, die Vorstandsmitglieder und Geschäftsführer von Verbänden, die Mitglieder von größeren Organisationen usw. Die Konferenzschaltung ist von jedem normalen Telefonapparat, nicht jedoch vom Münzfernsprecher und Autotelefon aus möglich. Die maximale Zahl der Anschlüsse umfaßt 10, die Mindestzahl umfaßt 3 Anschlüsse.

Was kostet ein Konferenzgespräch?

Zuerst muß die *Schaltgebühr* bezahlt werden. Dazu kommt die Ferngesprächsgebühr, nach einem festgelegten und nicht variierenden Tarif.

Eine Konferenz von 5 Teilnehmern über 5 Minuten wird also nach dem derzeitigen Stand ca. 90,- DM kosten. Wenn dabei bedacht

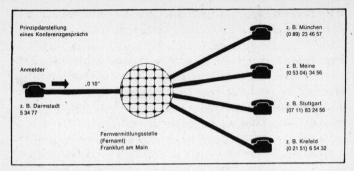

Abb. 7: Prinzipdarstellung eines Konferenzgesprächs
(aus: Der Fremdenverkehr, Dezember 1976, S. 66)

wird, daß die Reise- bzw. Flugkosten und die verlorenen Stunden zu berechnen sind, dann ist es sicher kein zu großer Aufwand.

Die Gebühren zahlt dabei derjenige, der die Konferenz angemeldet hat.

Zusammenfassung

Ansatzpunkte für neue Formen der Arbeitsorganisation in der Verwaltung	
Arten	Beispiele
Informationsgewinnung	Auswertungen mit Hilfe der EDV, Voice Data Entry System, Telefon, Anrufbeantworter
Informationsspeicherung	Mikrofilm, EDV = aktenlose Verwaltung
Informationsverarbeitung	Schreib- und Textautomaten, Elektrophotographie, Voice Data Entry System, Diktiersysteme
Informationsauswertung	EDV, Kleinrechner
Informationsaustausch (Kommunikation)	Fernkopieren, Terminals, Fernsehtechnik

2.3. Neue Entwicklungen im Bereich der Fertigung

Dem aufmerksamen Leser von Zeitungen, technischen bzw. Wirtschaftszeitschriften sowie dem Zuhörer von Rundfunksendungen und nicht zuletzt dem Fernsehzuschauer ist eine interessante Thematik sicher nicht entgangen. Seit einiger Zeit wird von beinahe revolutionären technischen Entwicklungen berichtet.

Dies soll am Beispiel der *Mikroprozessoren* verdeutlicht werden: Selbst für einen Techniker ist es nur sehr schwer zu verstehen, für einen Laien nahezu unvorstellbar, was die Halbleiter-Industrie in letzter Zeit auf den Markt bringt. So sind auf 22 Quadratmillimetern 30 000 Bauelemente vereint. Bei der Herstellung dieser Mikroprozessoren werden die einzelnen Bauelemente und Schaltungen auf Papier vorgezeichnet, photografisch auf Glasmasken übertragen und 500fach verkleinert durch Photoätzung auf ein Siliziumplättchen aufgebracht. So ein Wunderwerk hat die Ausmaße eines Streichholzkopfes. Die zwischen den Transistor-Funktionen aufgedampften Verbindungen sind feiner als die Geißelfädchen von Bakterien. Der Preis für so ein Silicium-Chip beträgt zwischen 20–30 DM. Für 1980 wird gerechnet, daß 1 Million derartiger Funktionselemente auf einem gleichgroßen Chip untergebracht sind.

Diese neue Generation von Halbleitern, d. h. winzigen elektronischen Bausteinen, ist in der Lage, komplizierte Steuerungen und Rechenarbeiten durchzuführen. Sie leisten etwa soviel wie die Zentraleinheiten großer Computer.

Ohne daß es die meisten Menschen wissen, steuern Mikroprozessoren heute schon Filmkameras und Photoapparate, helfen bei der präzisen Einstellung von Autovergasern, befinden sich in Digital- und Quarzuhren, vermitteln Ferngespräche usw. Auf dem Markt für Taschenrechner sorgten sie dafür, daß ein Preissturz von mehreren Hundert auf 30–40 DM je Rechner erfolgte. Das führte sogar dazu, daß sich die Käufer zurückhielten, weil sie entweder glaubten, daß die Preise noch weiter sinken könnten oder sie wegen des niedrigen Preises zu den Produkten qualitativ kein Vertrauen hatten.

Der amerikanische EDV-Berater John Diebold sieht die Zukunft der Mikroprozessoren und -computer vor allem auf drei Gebieten gegeben (Quelle: Wirtschaftswoche Nr. 47 vom 19. 11. 76 S. 29):

»Der Mikrocomputer ist Logikersatz«

»Der Mikrocomputer wird als Bauelement in Computern und Peripheriegeräten verwendet«

»Der Einsatz im Konsumgüterbereich ist nahezu unbegrenzt.«

Im einzelnen führte Diebold aus: »Ein Mikrocomputersystem kann beispielsweise 34 Arbeitskräfte bei einem bestimmten Sortier- und Auslesevorgang ersetzen. Andererseits wächst durch den Masseneinsatz von Mikrocomputern der Bedarf an Programmierern, Systemanalytikern und ähnlichen Geistesarbeitern. Der Bedarf an Arbeitskräften dürfte sich in etwa die Waage halten, aber eine Umstrukturierung und Umschulung der Arbeitskräfte wird unumgänglich sein ...«

Neben den »Mikros« bleibt ja auch die Informations- und Kommunikationstechnologie nicht stehen. Es wird eines Tages möglich sein, ein Heimcomputercenter für den Preis eines Fernsehers herzustellen. Wenn alles soweit ist, werden sie nicht allein Haushaltsgeräte (Herde, Waschmaschinen usw.) optimal ausnutzen. Dann werden auch alle Bankgeschäfte von zu Hause erledigt. Sie werden sich selbst Krankheitsdiagnosen erstellen, und Sie werden sogar von zu Hause aus arbeiten können, via Telekommunikation.«

Die Mikroprozessoren werden eine ähnliche, wenn nicht noch größere revolutionäre Wirkung haben, wie sie die Erfindung der Integrierten Schaltkreise hatte. Diese ermöglichten vor Jahren den Durchbruch der Computer, da sie zu deren Handlichkeit und Vereinfachung beitrugen. Entscheidend dürfte wohl auch sein, daß die Funktion derartiger Bausteine (Integrierte Schaltkreise werden grob unterteilt in Analog- und Digitalbausteine) nicht mehr »für alle Zeiten« festgelegt sind, sondern von außen durch Programmierschritte verändert werden können. Dieses in der Computertechnik entwickelte Verfahren erlaubt es beispielsweise, bestimmte Schritte in beliebiger Reihenfolge vorzunehmen.

Vollautomatische Fließstraßen mit Industrierobotern

Industrie-Roboter im Vormarsch
Zurückhaltung bei der Installation

Genf (VWD) – Industrieroboter der ersten Generation haben ihre Einführungsphase hinter sich. Ihre Verwendung könnte rapide ansteigen, wenn nicht aus Rücksicht auf die Situation am Arbeitsmarkt und aus anderen Gründen Zurückhaltung geübt werde. Dies ist das Fazit einer Untersuchung der Europäischen Wirtschaftskommission der Vereinten Nationen (ECE), Genf. 1976 wurden Industrieroboter im Wert von ungefähr 60 Mill. $ in den Mitgliedsländern der ECE installiert. 1977 werden nach französischen Berechnungen etwa 80 Mill. $ hierfür ausgegeben werden. Der Bestand an Industrierobotern stieg von praktisch Null 1968 auf rund 1200 im Jahr 1972, auf 14 000 im Jahr 1974 und rund 25 000 im Jahr 1976 an. In den USA allein wurden 1976 rund 6000 Roboter installiert.
Süddeutsche Zeitung vom 25. 2. 77

Automatisierung ist die Übertragung von physischen (körperlichen) Funktionen sowie von Entscheidungsfunktionen auf Maschinen.

40 bis 50% der arbeitenden Menschen in den Industrienationen arbeiten in der Produktionstechnik und werden von der Automatisierung betroffen. Weitere ca. 40% arbeiten im Dienstleistungsbereich und etwa 10% in der Naturproduktion.

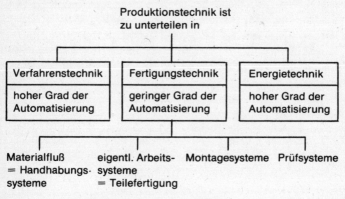

Abb. 8: Teilbereiche der Produktionstechnik

Die Problematik der Automatisierung liegt darin, daß einige Möglichkeiten des Menschen nicht oder bisher nur unvollkommen technisch nachahmbar sind. Dazu gehört z. B. die Auge-Hand-Koordination und Kombination bei Bewegungen. Welche Maschine kann ein bestimmtes Werkstück aus einem ungeordneten Haufen nehmen? Dem Menschen allein ist der Visualsinn, der Tastsinn beim Greifen oder das Gehör zur Analyse von Geräuschen von Maschinen gegeben.

Die Entwicklungen in der Arbeitstechnik, der Steuerungstechnik, der Rechnertechnik und bei Sensoren sind so weit fortgeschritten, daß hier bahnbrechende Entwicklungen zu erwarten sind. Die Entwicklung von Programmierten Handhabungsautomaten oder Industrierobotern ist das Ergebnis der Kombination dieser Techniken.

Die Auswirkungen auf die Betriebe sind langfristig in einer Veränderung des Materialflusses sowie der Bedienung und Steuerung von Arbeitsmaschinen zu sehen. Dabei werden Handhabungsvorgänge entweder integriert oder entfallen ganz.

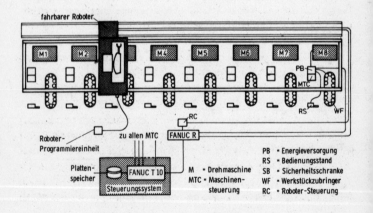

Abb. 9:   DNC-Fertigungssystem der Firma FANUC Ltd. Japan

Als Beispiel für die Automatisierung des Materialflusses sei das System der Firma Fujitsu FANUC angeführt. Diese setzt zur Verkettung der Werkzeugmaschinen fahrbare Industrie-Roboter ein. Die Werkzeugmaschinen werden in Reihen aufgestellt und von einem hängend darüber angeordneten Industrie-Roboter bedient.

Große Erwartungen sind an die Möglichkeiten zu knüpfen, daß die Handhabungssysteme von den Maschinensystemen aus gesteuert werden. Das führt zu einer Verkettung von Maschinen und Zufuhrgeräten und ermöglicht damit den Übergang von der mechanisierten zur automatischen Fertigung. Die Industrie-Roboter werden in Zukunft in großem Umfange Montagearbeiten ausführen.

Ein japanischer Industriekonzern beabsichtigt für 250 Millionen DM ein Werk zu bauen, in dem nur noch 10 Mitarbeiter tätig sein sollen. Diese üben dann ausschließlich Kontrollaufgaben aus über robotergesteuerte Werkzeugmaschinen, die täglich soviel produzieren wie ein herkömmlicher 800-Mann-Betrieb.

Im Rahmen der Bemühungen um höhere Produktivität und der Humanisierung der Arbeit lassen sich viele Ansatzpunkte finden. Gespräche mit erfahrenen Meistern, Arbeitsstudienleuten und Gruppenleitern zeigen, daß diese an eine gewisse optimale Ausführungszeit in ihrer Fertigung glauben. Während früher möglichst kurze Vorgabezeiten festgesetzt wurden, hat man heute eingesehen, daß eine Verlängerung der Arbeitsgänge bei Zusammenfassung von bisher einzelnen Arbeitsoperationen Vorteile bringt.

So haben z. B. Daimler-Benz Arbeitszyklen von 14–24 Minuten, Volvo und Renault von 8–15 Minuten eingeführt.

Das wiederum hat eine Verkürzung der Takt-Bänder oder Verkleinerung der Gruppen zufolge. Der technische Ausbau (und die damit verbundene Erweiterung des Arbeitsplatzes) dieser bereicherten Arbeitsplätze (Job Enrichment) bedeutet allerdings auch, daß der Arbeiter räumlich noch weiter entfernt von seinen Kollegen tätig sein kann. Weitere Veränderungen der Arbeitsorganisation beziehen sich auf:

– den geplanten Wechsel zwischen Tätigkeiten an verschiedenen Maschinen bzw. Maschinengruppen,

- die Übertragung von Mehrmaschinenbedienungen und damit die Übernahme unterschiedlicher Tätigkeiten,
- Übertragung zusätzlicher Arbeiten, die vorher von Einrichtern, Kontrolleuren und Mechanikern durchgeführt wurden.

Eine wichtige Voraussetzung für die Veränderungen im Fertigungsbereich wird die Einführung der Fertigungsplanung und -steuerung sein. Die dabei auftretenden Probleme sind bis heute noch nicht 100%ig gelöst.

Der Transport im Bereich der Fertigung

Es darf nicht vergessen werden, daß der Einsatz mechanisierter und automatisierter Förderanlagen (z. B. Fließbänder, Transferstraßen) vor gar nicht zu langer Zeit noch als Humanisierung der Arbeit angesehen wurde. Wenn man heute das Fließband ablehnt, so wird, und das wohl als Verwechslung der Zusammenhänge, auch das Band als Transportmittel für die Werkstücke, Materialien usw. miteinbezogen. Aus diesem Grunde wurden neue Fördermittel entwickelt wie:

- Arbeits- und Transportplattformen, die sich u. a. auf elektromagnetischen Leitschienen fortbewegen, z. B. bei Volvo, Daimler-Benz.
- Montagewagen, die auf in der Erde eingelassenen Ringbändern laufen, z. B. Blaupunkt, Saab-Scania.
- In vielen Fällen wird ein Transport auf kleinen, vom Arbeiter bewegten Handwagen durchgeführt. Dies wird als Aufgabenerweiterung dem Mitarbeiter zu seiner bisherigen Tätigkeit übertragen und kann auch durch kleine Elektrokarren besorgt werden.

Zweck der Bemühungen ist nach wie vor die Entlastung des Menschen von körperlich belastenden Handarbeiten, wobei erreicht werden soll, daß auch der Zeitdruck unter welchem der Mensch bei der Fließbandproduktion steht, abgebaut wird. Dafür erhält er eine größere Verantwortung übertragen.

Durch diese neuen Transportmittel bedingt und die damit verbundene Änderung der Zusammenarbeit der Mitarbeiter z. B. in Gruppen, verändern sich die Strukturen der Betriebsorganisation.

Die Änderungen der Fließbandarbeit

Hier hat die Firma Philipps Anfang der 60er Jahre mit in Bandabschnitten ausgegliederten oder verkürzten Montagelinien die ersten Versuche unternommen. Heute wird die Modifizierung der Fließbandarbeit in der ganzen Welt betrieben.

Unter Fließarbeit ist die örtlich fortschreitende, zeitlich bestimmte und lückenlose Folge von Arbeitsgängen zu verstehen.

Die Selbstregulierung, die Unterbrechung und Selbstauslösung des Bandtaktes sind Maßnahmen zur mindestens teilweisen Aufhebung des vom Takt des Bandes vorgegebenen Arbeitsrhythmus.

Vor allem die Elektroindustrie (in der Bundesrepublik die Firmen Bosch, Blaupunkt) befaßten sich ursprünglich damit, während heute alle Industriezweige diese neue Form der Arbeitsorganisation kennen.

Hierher gehören auch die Versuche mit der Gruppenarbeit, z. B. Volvo in Kalmar, Fiat, Daimler-Benz, Ford. Diese wird sich vor allem dort durchsetzen, wo technologisch hochwertige Arbeit zu leisten ist. Vielfach wird das Fließband durch Einrichten von Einzelarbeitsplätzen verkürzt, aufgelöst. Es werden ungebundene Vor- und Endmontagen eingerichtet. Weitere Maßnahmen sind die Auflockerung der Fertigungssysteme durch technisch-organisatorische Maßnahmen wie Pufferbildung, Bildung von Zwischenlagern, die Untergliederung oder Verkürzung der Bänder oder des Arbeitsumfanges bzw. des Arbeitsinhalts. Dazu dienen arbeits-organisatorische Maßnahmen wie Job Rotation, (= Arbeitswechsel), Job Enlargement (= Aufgabenerweiterung), Job Enrichment (= Bereicherung des Arbeitsinhalts).

Automatisierung durch Regelsysteme

Die Automatisierung der gesamten Fertigung durch numerische

Steuerungen und Regelsysteme wie beispielsweise automatisch gesteuerte Bearbeitungsprozesse und Einrichtung automatischer Arbeitsabläufe mit Hilfe von Fließstraßen, Rundtellermaschinen und Montiergeräten.

Die Einführung neuer Fertigungsverfahren

Wie elektrochemisches Abtragen, thermisches Entgraten, Lasertechnik und formgebendes Schweißen. Das formgebende Schweißen kann verschiedene Verarbeitungsstufen wie Gießen, Schmieden, mehrfache Wärmebehandlung und einen Großteil spangebender Bearbeitungen ersetzen. Dadurch entfällt die für Arbeiter schwere und durch negative Umgebungseinflüsse belastende Arbeit.

Die Entwicklung neuer Lagertechniken

Rationalisierung im Lager bedeutet Platzersparnis und Zeitersparnis. Die Verweildauer der Waren im Lager und die Größe des Lagers entscheiden über die Kosten der Lagerhaltung. In Industriebetrieben beträgt der Anteil der gelagerten Vermögensteile 20–30% des gesamten Vermögens, im Handel sind es 80–90% der Gesamtbilanz.

Für das Unternehmen muß es daher von besonderer Bedeutung sein, die Waren möglichst schnell umzuschlagen und das Lager möglichst klein zu halten.

Drei Lagerungsformen werden in Zukunft bestimmend sein:

- Das mehrgeschossige Flachlager. Bei diesem wird für jedes Geschoß der direkte An- und Abtransport über Lastwagenrampen und Eisenbahnanschlüsse eingerichtet. Dadurch entstehen mehrere unabhängige Lager, die evtl. auch getrennt vermietet werden können.
- Das Etagenlager: Das ist ein Flachlager mit fest eingebauten Bühnen, die von Gabelstaplern mit besonders großer Hubhöhe beschickt werden.
- Das Hochraumlager: (Hochregallager oder Palettensilo) Dieses

ist technisch am weitesten entwickelt und kann, im Unterschied zu allen herkömmlichen Lagern, vollständig automatisiert werden. Es besteht aus einem Hochregal und Regalbedienungsgeräten, sog. Fahrmasten.

Das Hochregal enthält eine bestimmte, unveränderliche Zahl gleicher Palettenplätze, wobei jeder Platz eindeutig definiert ist. Das Regalbedienungsgerät wird auf Schienen zwischen jeweils zwei Hochregalen geführt und kann jeden Palettenplatz anfahren. Es wird automatisch gesteuert, d. h. es ermittelt einen freien Lagerplatz, erfaßt die Daten der einzulagernden Palette (Warenort, Stück, Gewicht u. a.), so daß diese später wiedergefunden werden kann. Das erfordert eine Steuerung der Fördermittel in die richtige Gasse und in das richtige Fach sowie die Verbuchung der Einlagerung bzw. Auslagerung.

Neben der Ersparnis menschlicher Arbeit ermöglicht die automatische Steuerung vor allem eine grundlegende Verbesserung der Lagerorganisation. Die Waren werden nicht mehr nach ihrer Gleichwertigkeit gestapelt, sondern jede Palette wird auf dem kürzesten Weg in das nächste freie Fach gebracht. Die übersichtliche Lagerordnung wird durch die Datenverarbeitung gesteuert.

Das vollautomatisch gesteuerte Lager kann mit den vor- bzw. nachgeschalteten betrieblichen Funktionen zu einer Einheit verschmolzen werden. So kann man mit Hilfe eines Prozeßrechners den Rohstoffnachschub aus dem Lager direkt nach dem Produktionsablauf steuern. Das bedeutet, daß die Materialwirtschaft innerhalb des Systems den Einkauf, die Lagerung und damit die Produktion steuert bzw. gesteuert wird.

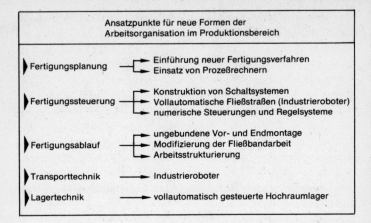

Ansatzpunkte für neue Formen der Arbeitsorganisation im Produktionsbereich	
▶ Fertigungsplanung	→ Einführung neuer Fertigungsverfahren → Einsatz von Prozeßrechnern
▶ Fertigungssteuerung	→ Konstruktion von Schaltsystemen → Vollautomatische Fließstraßen (Industrieroboter) → numerische Steuerungen und Regelsysteme
▶ Fertigungsablauf	→ ungebundene Vor- und Endmontage → Modifizierung der Fließbandarbeit → Arbeitsstrukturierung
▶ Transporttechnik	→ Industrieroboter
▶ Lagertechnik	→ vollautomatisch gesteuerte Hochraumlager

3. Der Einfluß von Theorie und Lehre auf die betriebliche Praxis

3.1. Die Entwicklungsstufen der Organisationslehre und deren Einfluß auf die modernen Tendenzen.

Nicht allein wirtschaftliche Entwicklungen werden es sein, welche die künftige Struktur unserer Unternehmungen verändern und prägen werden. Gesellschaftliche und rechtliche Einflüsse, aber auch durch Forschung und Theorie beeinflußte neue Organisationsformen kommen hinzu.

Aufgabe der Organisationstheorie wird es sein zu helfen:
- Aufgaben zu analysieren,
- Projekte zu strukturieren, neue Organisationsformen zu entwickeln,
- Einrichtungen der Arbeits- und Wissenschaftswelt in Hinblick auf deren Aufbau und Wirkungsweise zu durchleuchten und verständlich zu machen,
- Die bestehenden Organisationen in bezug auf die Ausübung von Herrschaft kritisch zu untersuchen.

Um die Gründe für die künftige Entwicklung verstehen zu können, muß die Vergangenheit betrachtet werden.

Frederick Winslow Taylor wird bei uns vielfach als der Begründer einer selbständigen Organisationslehre angesehen. Dies ist eine Ehre, die er wohl nicht gewollt hat und die ihm auch nicht zusteht. Der Taylorismus, auch als *»wissenschaftliche Betriebsführung«* bezeichnet, hat die *Arbeitswissenschaft* begründet. Hier zeigt sich aber die enge Verknüpfung der beiden Disziplinen. Taylor hat die Organisationslehre bekanntgemacht. In jedem Buch steht, daß das »Funktionsmeistersystem« von ihm stammt. Bis heute sind Organisationslehre und Arbeitswissenschaft bei uns zwei sich stark beeinflussende Wissensgebiete geblieben, wobei es manchmal scheint, als ob beide um eine gewisse Vorherrschaft kämpfen würden.

Taylors Leitgedanken waren: Bestgestaltung des Arbeitsablaufes im Produktionsprozeß durch Arbeitsteilung, Normung der technischen Betriebsmittel und Kontrolle des Betriebsablaufes. Der menschliche Faktor spielte bei ihm eine nur untergeordnete Rolle, was Ansatzpunkt zu Kritik und auch Schwachpunkt seiner Konzeption war. Der Taylorismus ist heute noch, wenn auch oft unterschwellig, im Bewußtsein vieler Menschen vorhanden und in der Diskussion über die Humanisierung der Arbeit wird er häufig zitiert.

Während in den angelsächsischen Ländern und in Frankreich keine scharfe Trennung zwischen Theorie und Praxis bestand, war dies in Deutschland anders. Hier entstand eine betriebswirtschaftliche Organisationslehre mit stark bürokratisch-administrativem Ansatz. Diese Trennung ist heute noch nicht überwunden, wie ein Blick auf die Organisationsliteratur zeigt. Besonders die Organisationstheorie pflegt den Abstand zu den mehr arbeitswissenschaftlichen Themenkreisen aufrechtzuhalten.

Die Hawthorne-Untersuchungen (1927) durch Elton Mayo führten zur Entdeckung des menschlichen Faktors und zu grundlegend neuen Erkenntnissen: Der Betrieb hat neben der technischen und organisatorischen auch eine betriebswirtschaftliche und soziale Struktur, die sich als ein System von Zusammenarbeit und den damit verbundenen Konflikten darstellt.

Damals schon wurde eine Entwicklung eingeleitet, die uns heute als ganz modern erscheint. Die Verbesserung der »*Qualität des Arbeitslebens*« wurde durch die »*Human-Relations-Bewegung*« vorbereitet. Abraham H. Maslow, Douglas McGregor, Frederick W. Herzberg u. a. haben durch ihre Motivationstheorien wesentliche Beiträge dazu geleistet.

Seit den 50er Jahren tendieren die Wirtschaften der westlichen Industrienationen in drei Richtungen:

1. Anwendung neuer Technologien und Automatisierung,
2. Arbeitsstrukturierung,
3. Verlagerung von insb. arbeitsintensiven Fertigungen in die Entwicklungsländer.

Diese Tendenzen wirken auf die Entwicklung der modernen, der »*integrierten Organisationswissenschaft*« ein.

Das nachstehende Schaubild zeigt die wichtigsten Etappen und Forschungsschwerpunkte der Organisationslehre.

Bezeichnung	Klassische Organisationstheorie		Neoklassische Organisationstheorie	Integrierte Organisationswissenschaft
	physiologischer Ansatz	bürokratisch-administrativer Ansatz		
Zeitspanne	etwa ab 1900	etwa ab 1916	etwa ab 1930	seit den 50er Jahren
Ansatz	Wissenschaftliche Betriebsführung = Scientific Management	Betriebswirtschaftliche Organisationslehre	Human Relations-Bewegung in den USA, Betriebssoziologie	Organisationssoziologie, -Kybernetik, interdisziplinäre Zusammenarbeit des soziotechnischen Systems, Management-Strategie, Management-Science
Forschungsziele und -schwerpunkte	Mechanisierung, Massenproduktion, Routinetätigkeiten, Arbeitsablauforganisation in der Werkstatt Grundlagen des Industrial Engineering Funktionensystem	Bürokratisierung des Verwaltungsapparates, Linien-, Stab-Linien-System, Abteilungsbildung Aufgabengliederung, Stellenanordnung	Hawthorne Experimente, psychische und soziale Begleitumstände der Arbeit, Maslow'sche Motivationstheorie	Organisation als zielgerichtetes soziales System, Automation, EDV-Systemtechnik, Probleme von System und Umwelt
wichtige Vertreter (Begründer)	Taylor, Gilbreth	Max Weber, Fayol, Kosiol, Hennig, Klein, Erdmann, Bogdanow	Elton Mayo, Maslow, Katz, Roethlisberger, Likert, McGregor, Argyris, Herzberg	March, Simon, Maynotz, Etzioni, Ackoff, Churchman, Simon, Wiener, Heinen, Grochla, Zangenmeister, Ulrich
Menschenbild	sieht nur die formale Organisation Der Mensch wird als Instrument betrachtet		Informale Organisation und Gruppenbildung in Industriebetrieben	Arbeitsmotivation Mensch ist Entscheidungsträger

Abb. 10: Moderne Entwicklung im Bereich betrieblicher Organisation

Die Betriebswirtschaften werden heute durch folgende grundlegende Faktoren beeinflußt:

a) Die zunehmende Flut innerbetrieblicher und außerbetrieblicher Informationen in qualitativer und quantitativer Hinsicht und ihre Bewältigung – nicht nur durch die Führungsspitze. Das führt zur Entwicklung neuer Informations- und Entscheidungssysteme auch mit Hilfe der elektronischen Datenverarbeitung.

b) Die Organisation läßt sich sowohl als Ganzes, als auch in Teilbereichen nicht mehr übersehen. Ursache dafür ist die Spezialisierung der Funktionen, der Organisations- und Entscheidungsbereiche, aber auch der Aufgaben.

Führungs-, Entscheidungs- und Organisationssysteme in horizontaler bzw. vertikaler Richtung und in Form von Pyramiden konzipiert, reichen nicht mehr aus.

Gedanklich wird man sich die Führung eines Unternehmens vom Mittelpunkt eines Kreises aus vorstellen müssen, wobei die einzelnen Stellen, als Organisationseinheit betrachtet, mehr Entscheidungsfreiheit erhalten müssen.

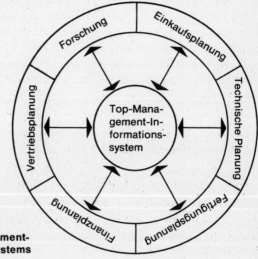

Abb. 11:
Schematische
Darstellung
eines Management-
Informationssystems

Diesen Entwicklungstendenzen trägt die moderne Organisationslehre Rechnung, indem sie zwei grundlegende Ansätze verfolgt:
a) den entscheidungsorientierten Ansatz
b) den systemorientierten Ansatz

Der nachstehende Überblick soll dazu dienen die in späteren Kapiteln besprochenen Fragen richtig zuordnen zu können. Es muß schon an dieser Stelle erwähnt werden, daß sich die Praxis in immer stärkerem Maße der genannten Möglichkeiten und Mittel bedient.

1. Entscheidungsorientierter Ansatz

a) Mathematisch entscheidungsorientierte Organisationslehre

Das Wesen liegt darin, formale Entscheidungsmethoden und Entscheidungsmodelle zu entwickeln, mit denen bestmögliche Lösungen von Organisationsproblemen gefunden werden können. (Operations Research, Management Science)

Beispiele: Lineare Programmierung, Spieltheorie, Teamtheorie, Netzplantechnik, optimale Losgröße.

b) Verhaltenswissenschaftliche Organisationslehre

Sie untersucht die Frage, welches Entscheidungsverhalten einzelne Menschen, Gruppen und organisierte Systeme zeigen. (Verhaltenswissenschaftliche Entscheidungstheorie)

Beispiele: Führung in sozialen Systemen, Untersuchungen über Führung und Organisation sozialer Strukturen, Gruppendynamik, Teamverhalten.

2. Systemorientierter Ansatz

Dieser will das Loslösen vom disziplinären Denken und Suchen von Wirkungszusammenhängen bei bestimmten Situationen.

a) *Organisationssoziologie*:

Diese entstand aus der verhaltenswissenschaftlichen Organisationslehre und betrachtet jede Organisation als ein zielgerichtetes soziales System. Sie ist bemüht, die Strukturen und Verhaltensweisen sozialer Gebilde zu beschreiben. Dies geschieht mit Hilfe einer Soziomatrix.

b) *Kybernetik* (= Steuerungslehre):

Ausgangspunkt waren die Erkenntnisse über die informationstheoretischen Vorgänge (Norbert Wiener 1948). Die Kybernetik befaßt sich mit der Problematik der selbstständigen Lenkung oder Steuerung in natürlichen und künstlichen Systemen unterschiedlichster Art und hat ihren Ursprung in der Technik.

c) *Integrierter sozio-technischer Systemansatz*:

Ihm liegt der Versuch zugrunde, jede Organisation als eine Integration struktureller, administrativer, soziologischer und psychologischer Gesichtspunkte zu sehen. (Informatik, Informationstheorie)

Die Organisationsformen der Zukunft werden besonders von der verhaltenswissenschaftlich, interdisziplinär betriebenen Organisationslehre beeinflußt werden. Da die entscheidungsorientierte Betriebswirtschaftslehre in gleicher Richtung tendiert, werden folgende Sachverhalte zu beobachten sein:

1. Die Organisationsmitglieder haben eigene (zum Teil) von den Unternehmungszielen abweichende Zielvorstellungen, Interessen und Motive.

2. Kein Mensch handelt vollkommen rational, d. h. wirtschaftlich logisch, weder in der Unternehmungsspitze noch auf der untersten Mitarbeiterebene.

3. Zwischen der Organisation und deren Mitgliedern wird es immer wieder zu Interessengegensätzen und Zielkonflikten kommen.

4. Die Organisation wirkt vermehrt funktional, d. h. die fachliche Qualifikation oder der von dem Mitarbeiter, auf Grund seiner Tätigkeit eingenommene Rang ist entscheidend. Die skalare Autorität, die sich aus der Position innerhalb des betrieblichen Machtsystems ergibt, wird stärker abgebaut werden.

5. Das Unternehmensziel wird mehr in den Vordergrund gestellt werden, wobei das Zustandekommen, die Begründung und eventuelle Veränderungen mehr diskutiert werden.

6. Fragen des gerechten Lohnes, der Umweltbedingungen am Arbeitsplatz, der zwischenmenschlichen Beziehungen, der Unfallsicherheit, der Sicherheit des Arbeitsplatzes, müssen Berücksichtigung finden. Es sind dies die Hauptanliegen der Arbeitnehmerverbände, die diese auf Grund der politischen Einflüsse in den gesetzgebenden Körperschaften durchzusetzen versuchen.

7. Die Leitung und Entscheidungskompetenzen werden in Zukunft nicht mehr aus dem Eigentum abgeleitet, sondern andere Betriebsverfassungen (z. B. Mitbestimmung in Unternehmungen über 2000 Mitarbeiter, Vertretung der leitenden Angestellten) setzen sich durch.

Es ist nun die Frage offen, wie die Wissenschaft die Unternehmen der Zukunft sieht oder genauer, welche Unternehmensstruktur im Blickpunkt der Theoretiker steht.

Dabei bleibt die Skepsis der Praktiker nicht ungehört, die eine zu starke Theoretisierung fürchten. Was in anderen Wissenschaften (Rechtwissenschaft, Naturwissenschaft, Volkswirtschaft) üblich ist und anerkannt wird, darf der Organisationstheorie nicht verweigert werden. Aufgabe der Organisationslehre bzw. -theorie ist es, beobachtetes Verhalten in Organisationen zu beschreiben, zu erklären, zukünftiges Verhalten vorauszusagen und es mittels entsprechender Technologien zu beeinflussen. Sie hat Bedingungen, Möglichkeiten und Themen aufzuzeigen. Einschränkend ist allerdings zu sagen, daß »*die Organisationstheorie*« erst im Entstehen ist.

3.2. Die Organisationen in Forschung, Lehre und Ausbildung

Die Organisationsliteratur

Ein Großteil der Organisationsliteratur ist rein theoretisch ausgerichtet. Insbesondere wird heute die Systemtheorie sehr ausführlich abgehandelt. Es wird dabei versucht, den Ganzheitsgedanken betrieblichen Aufbaus und Ablaufs darzustellen. Gedanklich wird ein perfekt funktionierendes betriebliches Informationssystem (Management-Informations-System = MIS) angestrebt.

Viele Bücher, vor allem Lehrbücher, lassen den Bezug zur Praxis vermissen.

Auf der anderen Seite gibt es eine unfangreiche Literatur zu organisationstechnischen Einzelproblemen. Diese, nur praxisbezogenen Bücher weisen demgegenüber einen zu engen Wissens- und Anwendungsbereich auf.

Die in der REFA – Literatur (Methodenlehre des Arbeitsstudiums und Planung und Steuerung) wiedergegebenen Erkenntnisse werden im Moment als Praxisbezug in vielen Lehrbüchern an Hochschulen, Schulen und bei Kursen für Praktiker verbreitet.

Versuche, dem Praktiker und Theoretiker neben dem theoretischen Grundwissen möglichst viele praktische Problemlösungsmöglichkeiten anzubieten, sind in der Literatur erst in der jüngsten Zeit zu beobachten. (Siehe Literaturangaben)

Studium und Ausbildung

Seit wenigen Jahren wird in den Schulen mit kaufmännischer Orientierung (Beispiele: Wirtschaftsschulen, Fachoberschulen, Berufsschulen) das Fach »Organisationslehre und EDV« gelehrt. In anderen Schulen (z. B. Realschulen, Gymnasien mit Wahlfach Wirtschaft) wird ein Grundwissen im Fach Betriebswirtschaftslehre vermittelt. Die verwendeten Lehrbücher beziehen sich auf die Sachmitteltechnik im Bürobereich, die elektronische Datenverarbeitung und wenige bestimmte Kenntnisse der Organisationstheorie.

In den allgemeinbildenden Schulen und den technisch-naturwissenschaftlich ausgerichteten Schultypen sind Hinweise auf Organisationsfragen Zufallsergebnisse.

An den praxisorientierten Fachoberschulen wird »Organisation und Datenverarbeitung« gelehrt. Bei der Durchsicht von Vorlesungsverzeichnissen von Universitäten und technischen Hochschulen fehlen sehr häufig Hinweise, daß entsprechende Vorlesungen angeboten werden. Auch bei den Kursen für Praktiker werden oft nur spezielle Themen angeboten wie Managementtechniken, Einführungen in die EDV usw. Das ist nicht zuletzt auch auf den Mangel geeigneter Literatur zurückzuführen.

Betrachtungsgesichtspunkte der Organisationen

Die Organisation von Betriebswirtschaften und Verwaltungen kann aus betriebswirtschaftlicher oder technischer Sicht betrachtet werden. Ausgehend von der Unterscheidung in die Unternehmung und den Betrieb sind heute Fragen der Unternehmensstruktur und Menschenführung sowie der Arbeitsorganisation und Humanisierung in den Vordergrund getreten. Die Arbeitsorganisation im Fertigungsbereich (Werkstatt) weist andere Probleme auf als die in der Verwaltung. In der Öffentlichkeit wird besonders das Thema Humanisierung der Arbeit diskutiert. Die Humanisierung umfaßt die Arbeitsaufgabe und den Arbeitsplatz. Technische Lösungen der organisatorischen Probleme müssen für das Büro, die Fertigung und sonstige Bereiche gefunden werden.

3.3. Die Organisationsstrukturen der Zukunft

Neben den traditionellen Leitungssystemen (Linien-, mehrlinien-, Stabliniensystem) werden neue Organisationsstrukturen eingeführt werden. Dabei wird zu beachten sein, daß immer nur Mischtypen möglich und durchführbar sind, wie das bisher schon der Fall war.
  Genannt werden können:

– Die divisionalisierte Organisation, insb. als Sparten- oder Profitcenter-Organisation,
– Die Matrix-Organisation als Projekt- und Produkt-Organisation

- Das Functional
  Teamwork-Konzept,
- Die Controller Organisation,
- sowie die teamorientierten Strukturformen.

} siehe dazu Spitschka:
Praktisches Lehrbuch der
Organisation S. 191 ff.

Die Versuche mit der Arbeitsorganisation in Gruppen bedeutet, daß die Führungshierarchien verkürzt werden. Zwischen den einzelnen Gruppen und dem Abteilungsleiter entfallen die Funktionen von Vorarbeitern und Meistern, die von diesen selbst übernommen werden. Dies bedingt eine völlige Neustrukturierung auf den unteren Ebenen. Gleichzeitig ist eine Zurückverlagerung von Stabsaufgaben in die Linie zu beobachten (Kontrolle, Revision, Arbeitsvorbereitung), um die Eigenverantwortung zu stärken. Diese Entwicklung beginnt sich auch auf die anderen Unternehmensbereiche auszudehnen.

Bedarf an Führungskräften schrumpft erheblich

München (SZ) – Der Führungskräftebedarf in den kommenden Jahren wird geprägt dadurch, daß sich die wirtschaftlichen Wachstumsraten und damit der Ersatzbedarf für pensionierte leitende Angestellte halbiert und sich die Fluktuation beim Nachwuchs der Führungskräfte stark vermindert. Zu dieser nicht sehr optimistischen Prognose gelangte der Leiter des Hauptbereichs Personalpolitik der Siemens AG, Dr. Schreiber, auf Grund von eingehenden Umfrageergebnissen. Vor dem Arbeitskreis für Führungskräfte in der Wirtschaft warnte er davor, in den Betrieben weitere Führungspositionen zu schaffen, für die kein echter Bedarf mehr besteht. Es komme darauf an, »daß wir in den Unternehmungen künftig noch strenger als bisher darauf achten, daß das Qualifikationsniveau unserer Bewerber besser abgestimmt wird auf das Anforderungsniveau der Position«.

Der Referent ließ keinen Zweifel daran, daß sich die Aufstiegsmöglichkeiten für qualifizierten Nachwuchs erheblich reduzieren werden. Schon jetzt sei bei den Betrieben »ein erhebliches Anziehen der Auswahlmaßstäbe« zu erkennen. In vielen Betrieben trenne man sich rigoros von Mitarbeitern, die diese Maßstäbe in der Praxis nicht mehr erfüllten.

Der technische Strukturwandel habe vor allem im öffentlichen Dienst zu einer »Ranginflation« geführt, dessen Abbau gegenwärtig so gut wie unmöglich erscheint. Eine sichere Möglichkeit zur Beilegung dieser Führungskräftekrise sieht Dr. Schreiber in der sogenannten Frühpensionierung von leitenden Angestellen, um Platz für den Nachwuchs frei zu machen. Voraussetzung sei jedoch eine angemessene Einkommensgarantie, die sowohl vom Betrieb als auch vom Staat garanteirt sein müsse.

In der Organisationstheorie und -praxis werden folgende Organisationsstrukturen diskutiert:

A) Die Divisionalisierte Organisation (Spartenorganisation)

Die Organisation nach Unternehmensbereichen (divisions) führt zu einer Aufspaltung der Unternehmung in verschiedene Geschäftsbereiche, was zu einer Dezentralisation und Spezialisierung führt. Jeder dieser Geschäftsbereiche ist wirtschaftlich weitgehend unabhängig. Rechtlich bleiben sie abhängig. Die Geschäftsbereiche werden in einer Gesamtunternehmensplanung wieder integriert. Innerhalb der einzelnen Geschäftsbereiche bleibt eine mehr oder weniger starke Funktionsgliederung erhalten.

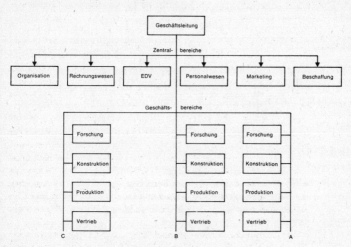

Abb. 12: Divisionalisierte Organisation (aus: Spitschka, Praktisches Lehrbuch der Organisation S. 194)

Dem Leiter der Geschäftsbereiche unterstehen meistens die Bereiche Planung, Forschung, Konstruktion, Produktion und Vertrieb. Die Zuordnung anderer Bereiche wie Organisation, Rechnungswesen, EDV, Personalwesen, Marketing, Beschaffung usw. ist verschieden geregelt. Sie kann bei den Geschäftsbereichen oder bei der Unternehmensleitung als Zentralstellen liegen. Alle Funktionen, die nicht in den Geschäftsbereichen wahrgenommen werden, sind in übergeordneten Zentral- oder Stabstellen zusammengefaßt, die der Unternehmensleitung direkt unterstehen (z. B. die Zentrale Planung).

Drei Formen der Divisionalisierung werden unterschieden:

1. Das *Profit-Center-Konzept:* Die Bereichsleiter sind nur für die in ihrer Abteilung erzielten Gewinne verantwortlich. Sie erstellen Erfolgsrechnungen, die Aufschluß über den Erfolg geben.
2. Das *Investment-Center-Konzept:* Die einzelnen Bereichsleiter haben Entscheidungsbefugnis zusätzlich auch für die Investitionen, die in ihren Geschäftsbereichen vorgenommen werden.

   Eine weitere Entscheidung kann nach der Markt- bzw. Produktorientierung vorgenommen werden, d. h. die Verkaufsbereiche werden nach verkaufs- bzw. produktionstechnischen Gesichtspunkten gebildet. Eine Mischform ist das Produkt-Management-Konzept, bei welchem, aufbauend auf die funktionale Organisationsform, zusätzliche Produkt-Manager eingestellt werden. Diese haben eine bestimmte Produktgruppe zu betreuen.
3. Das *Cost-Center-Konzept:* Hier gilt die Verantwortung für die entstehenden Kosten.

B. Das Projekt-Management

Der Begriff Projekt-Management beinhaltet die Methoden zur Lösung komplexer und zeitlich befristeter Aufgaben, bei deren Planung und Durchführung die Zusammenarbeit mehrerer Abteilungen notwendig ist. Die zu diesem Zweck gebildeten Stellen werden als Projekt-Organisation bezeichnet. Es handelt sich dabei um eine Vorstufe der Matrix-Organisation

Die Projekt-Organisation überlagert die bestehende funktionale Organisation, was Probleme der Kompetenzabgrenzung schaffen kann. Betriebsangehörige können zwei oder mehrere direkte Vorgesetzte haben. Z. B. die Führungskräfte der funktionellen Organisation und den Projektmanager. Dieser stellt die Querfunktion im Rahmen der Aufbauorganisation dar.

C. Die Matrix-Organisation

Sie besteht im Grundsatz aus zwei sich überlagernden Weisungssystemen.

Die Aufstellung von Projektteams bzw. Projektleitern kann zur Matrix-Organisation führen. Bei dieser Form von Aufbau-Organisation wird die Informationsverarbeitung dezentral, die Entscheidung zentral vorgenommen. Der Funktionsmanager steht der Linienorganisation vor. Er hat ein Budget, mit Hilfe dessen er eine bestimmte Aufgabe an einem vorgegebenen Projekt zu erledigen hat. Der Produktmanager hat die Aufgabe, alle Funktionen im Hinblick auf das Produkt zu koordinieren. Er ist dafür verantwortlich, daß das Produkt richtig entwickelt und produziert wird. Damit dies geschieht, hat er sich mit den Managern in der funktionalen Organisation auseinanderzusetzen. Dies ist allerdings nur dann möglich, wenn er gegenüber diesen entsprechende Kompetenzen erhält, soweit sie das Produkt betreffen. Den auf Tätigkeitsbereiche spezialisierten Verrichtungsmanagern werden auf Produkte oder Projekte ausgerichtete Objektmanager gegenübergestellt (= Produkt- und Projektmanagement).

Folgende Ziele werden mit der Matrix-Organisation verfolgt.
1. Verbesserung der innerbetrieblichen Zusammenarbeit und Steuerung,
2. Verbesserung der Kommunikation,
3. Schaffen klarer Verantwortungsbereiche,
4. Einführung neuer Führungsformen,
5. Höhere Beweglichkeiten und Reaktionsvermögen,
6. Verbesserung der Motivation,
7. Übertragung der Entscheidungen auf mehrere Köpfe.

Die Matrix-Organisation dürfte zunächst allerdings vor allem in größeren Mehrproduktunternehmen oder in spezialisierten Unternehmen auch mittlerer Größe Anwendung finden.

Die Nachteile der herkömmlichen Leitungssysteme (Linien-, Mehrlinien-, Stab-Linien-Organisation) treten in größeren Unternehmen viel schwerwiegender zutage als in Klein- und Mittelbetrieben. Sie lassen sich in den letzteren viel einfacher überwinden, da informelle Kontakte dies dort ermöglichen. So kann der Meister in einem Mittelbetrieb sich direkt an den Personalchef wenden, wenn er noch Mitarbeiter benötigt, denn er »kennt diesen ja gut.« Dies ist in Großunternehmen nicht der Fall, so daß es oft eines langen Kompetenzenweges bedarf, bis sein Anliegen erledigt ist.

D. Teamorientierte Organisationsstrukturen

Der Führungsstil, d. h. die Form des Einwirkens auf das Verhalten der Mitarbeit, als Mittel zur Durchsetzung des Willens der Unternehmensleitung hat sich geändert. Dem kooperativen Führungsstil wird heute der Vorzug vor dem autoritären Führungsstil eingeräumt. Da die Fragen des Führungsstils und Leitungsaufbaus eng zusammenhängen, ist auch hier eine Änderung festzustellen, es werden teamorientierte Strukturformen verstärkt in Erscheinung treten, wie:

Das System überlappender Gruppen (Likert)

Das Colleague Model (Golembiewski)

Teams als Ergänzung des traditionellen hierarchischen Organisationsmodells (Schnelle)

In der Praxis wird heute oft von Teamwork gesprochen. Es wird darunter ein Führungssystem verstanden, welches sich in jedes der erwähnten Systeme einordnen läßt. Unter einem Team ist eine besondere Arbeitsgruppe zu verstehen, die für eine bestimmte Dauer oder für immer gebildet wird und innerhalb oder neben der Betriebshierarchie steht. Ansätze der teamorientierten Organisationsstrukturen bestehen bereits dort, wo Ausschüsse und Kommissionen gebildet werden, denen neben der Beratungs- auch Entscheidungsfunktionen übertragen werden.

Entscheidendes Merkmal ist die Übertragung von Entscheidungsbefugnissen an Gruppen anstelle der Übertragung an Einzelpersonen.

Die Annahme, daß ein Unternehmen die vorhandenen Fähigkeiten erst dann voll ausschöpfen kann, wenn diese Mitglieder einer oder mehrerer Gruppen sind, ist Ausgangspunkt des Teamkonzepts.

Das System überlappender Gruppen

Der Amerikaner R. Likert hat ein Konzept entwickelt, das auf allen Ebenen der Betriebshierarchie und bei allen Entscheidungsanlässen einsetzbar ist. Er bezeichnet es selbst als »overlapping groups of structure« (= System überlappender Gruppen).

Die Teams (Arbeitsgruppen) bestehen aus einem Vorsitzenden und einer entsprechenden Zahl von Mitgliedern. Jede dieser Arbeitsgruppen hat die zur Erfüllung des gemeinsamen Gruppenzieles notwendigen Arbeitsprozesse in gemeinsamer Beschlußfassung und Ausführung durchzusetzen. Der Vorsitzende ist für die Gruppenentscheidung verantwortlich, d. h. er entscheidet bei Stimmengleichheit innerhalb der Gruppe. Besonders für die Praxis wichtig erscheint der Vorschlag Likerts, den Vorsitzenden als Bindeglied zwischen den Gruppen auf gleicher Ebene sowie zwischen den verschiedenen Gruppenebenen auftreten zu lassen. Der Verbund zwischen den einzelnen Gruppen erfolgt in der Regel durch den Vorsitzenden. Diese Person ist Mitglied in zwei Gruppen (»linking pin«). Dieser »linking pin« ist einerseits Leiter in seiner Arbeitsgruppe, zum anderen Mitglied in der übergeordneten Arbeitsgruppe. Diese Doppelfunktion basiert auf empirischen Untersuchungen, nach denen ein Vorgesetzter bei seinen Mitarbeitern über höheres Ansehen und damit größeren Einfluß verfügt, wenn er sich, seinerseits als Untergebener seines Vorgesetzten, bei diesem durchsetzen kann.

Die konsequente Durchführung dieses Systems bedeutet, daß sämtliche Vorgesetzte mit Ausnahme der Unternehmensspitze gleichzeitig immer Angehörige zweier Gruppen darstellen.

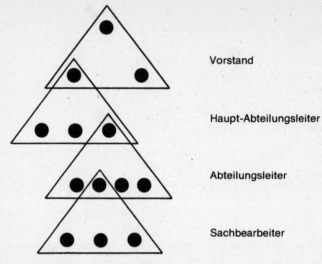

Abb. 13: Das Prinzip der »linking pins«

Stellungnahme zum System überlappender Gruppen:

Vorteile	Nachteile
Verstärkung der vertikalen und horizontalen Kommunikation	Längere Dauer der Entscheidungsfindung kann unproduktiv sein
Besonders geeignet für die Bearbeitung kreativer Aufgaben	Durchbrechen der Kompetenzbeziehungen
Die kollektiven Entscheidungen führen zu Identifikation mit diesen und zu Motivation	Der Gruppenzusammenhalt kann sich gegen die Unternehmungsführung richten
Bei Stimmengleichheit entscheidet der Vorgesetzte, so daß immer eine Entscheidung gefällt wird	

Das Colleague Model

Die Erfahrung, daß Stabsarbeit zu Konflikten zwischen Stab und Linie führt und zu einer Minderung der Wirksamkeit der Stäbe, sowie zu Frustrationen der Stabsmitglieder, veranlaßte Golembiewski zur Entwicklung seiner Teamkonzeption.

Die Konflikte entstehen aus den unzureichend geregelten soziologischen und psychologischen Beziehungen des Stabes zur Instanz. Um diese abzubauen, werden die bisherigen Mitarbeiter des Stabes und der Instanz (auch die Geschäftsführung) zu einem Team zusammengefaßt (= Colleague Groups). Es werden dabei die horizontalen Arbeitsbeziehungen sowie die Entscheidungsdezentralisation betont, denn alle Aufgabenträger, die zur Erfüllung einer gemeinsamen

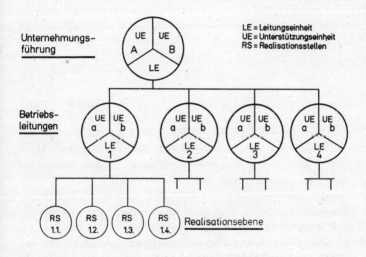

Abb. 14: Das Gruppenkonzept nach Golembiewski

Stellungnahme zu den teamorientierten Organisationsmodellen

Nachteile	Vorteile
1. Bisher bestehen noch keine praktischen Erfahrungen	1. Abbau menschlicher Probleme
2. In der Theorie entwickelt	2. Bessere Zusammenarbeit bei gemeinsamer Zielorientierung
3. Probleme der Umstellung bei Abbau der Hierarchie	
4. Teuere Umschulungen	
5. Lange Dauer von Entscheidungsfindungen	
6. Widerstand und Skepsis in den oberen Hierarchieebenen	

Teilaufgabe beitragen, werden in einer organisatorischen Einheit zusammengefaßt. Entscheidungen werden von allen Mitgliedern der »Colleague Group« gefällt. Mehrere »Colleague Groups« können noch zu »Colleague Teams« zusammengefaßt werden, so daß ranghöhere Gruppen auch mit rangniedrigeren Gruppen zusammenarbeiten. Innerhalb der »Groups« gibt es eine »Leitungseinheit« und »Unterstützungseinheiten«. Die »Leitungseinheiten« arbeiten unmittelbar an der Gesamtaufgabe der Unternehmung, die »Unterstützungseinheiten« haben die Aufgabe, die Planungs-, Steuerungs- und Durchführungsprozesse durchzuführen. Ein Rangunterschied zwischen den Gruppenmitgliedern besteht nicht.

Im Rahmen der Gruppenarbeit wird unterschieden zwischen »substantive issues«, d. h. den Fragen, die mehr als ein Gruppenmitglied betreffen und daher eine Gruppenentscheidung erfordern und den »technical issues«, die nur ein Gruppenmitglied betreffen und überwiegend Routinecharakter besitzen.

Die »Planungsteams« von Schnelle

Hier sollen Teams als Ergänzung des traditionellen hierarchischen Organisationsmodells dienen. Planungsaufgaben werden dabei aus der Unternehmensstruktur herausgelöst, während die laufenden (= repetitive) Aufgaben in der traditionellen Organisationsstruktur erledigt werden. Besonders Forschungs- und Entwicklungsaufgaben sollen auf diese Weise gelöst werden. Ein Planungsteam besteht aus zwei bis sechs Mitarbeitern. Ist ein Problem zu umfangreich, erfolgt die Aufteilung auf mehrere Planungsteams. Durch die Teamvermaschung erfolgt die Koordination der bestehenden Planungsteams.

Die Abbildung zeigt eine solche Vermaschung von 4 Planungsteams mit je 4 Mitarbeitern (I–IV).

Die *Planungsgruppen* erarbeiten für die anstehenden Probleme geeignete Lösungsvorschläge.

Um mit den einzelnen Unternehmensbereichen engen Kontakt zu halten und zum Zwecke der Kommunikation werden *Informationsgruppen* eingerichtet. Diese bestehen aus den Mitarbeitern der betroffenen Unternehmensbereiche.

Die endgültige Entscheidung über die Verwirklichung der Planungen trifft die *Entscheidungsgruppe*. Diese Gruppe wird aus den Mitgliedern der Unternehmensleitung gebildet.

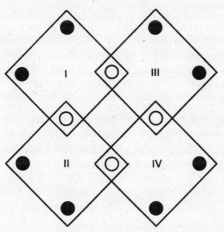

Abb. 15. Vermaschung von Planungsteams (nach Schnelle)

Sollten die Planungsgruppen weitere Informationen zu den diskutierten Fragen benötigen, wird noch ein Planungsausschuß eingesetzt, der aus den Mitarbeitern aller betroffenen Unternehmensbereiche gebildet wird.

Es bleibt die traditionelle Organisationsstruktur, z. B. das Stab-Linien-System, erhalten. Durch Heranziehen besonders geeigneter Mitarbeiter sollen Optimallösungen zu den Unternehmensproblemen gefunden werden. Damit werden die Vorteile des Liniensystems mit denen der Gruppenarbeit und des Mehrliniensystems gekoppelt.

Die traditionellen Organisationsstrukturen werden auch in Zukunft erhalten bleiben. Die wohl schwerwiegendsten Nachteile des in der Praxis am häufigsten anzutreffenden Stab-Linien-Systems sind:

- die langen Kommunikationswege
- die Gefahr der Informationsfilterung durch Zwischeninstanzen (dürfte durch Matrix-Organisationen von Bereichen abgemildert werden)

Die vorstehend beschriebenen Organisationsstrukturen und Leitungssysteme müssen auch nach ihrer Anwendungsmöglichkeit im Klein- und Mittelbetrieb gesehen werden. Zunächst sind sie vor allem für das Großunternehmen gedacht gewesen, das wegen seiner Unbeweglichkeit besondere Probleme im Bereich der Kommunikation, d. h. des Informationsaustausches, hat. Auch hier ist es meist nicht möglich, eine dieser Formen rein einzuführen. Die Beziehungen in divisionalisierten Organisationen, in der Matrixorganisation und in teamorientierten Strukturen bedeuten eine Entscheidungsdezentralisation. Es ist jederzeit möglich, nur Teile von Unternehmungen nach derartigen Strukturen zu organisieren. Großunternehmungen werden wohl weiterhin nach den herkömmlichen Leitungssystemen geführt werden, während viele mittlere Unternehmungen sich eine Anpassung an diese neuen Strukturen überlegen müssen.

Gerade in diesen Schwellenzonen zwischen Klein- und Mittelbetrieb sowie Mittelbetrieb und Großbetrieb ergeben sich gewisse Umstellungschancen, aber auch Anpassungsnotwendigkeiten. Es ist aber auch eine Frage der Einsicht der Unternehmensleitung, die ein Hineinwachsen in andere Größendimensionen geistig mitverkraften müssen. In vielen Fällen ist es die Informationslücke des Unternehmers, der mit diesen Instrumentarien nicht bekannt wird, während in Großbetrieben diese Lücke nicht in dem Maße besteht. Die modernen Instrumentarien (siehe dazu auch die Ausführungen über die entscheidungsorientierten und systemorientierten Ansätze, Seite 45) können in gewissem Umfang in jeder Unternehmensgröße angewandt werden. Es ist weitgehend der Mangel an Information und Kenntnissen, der dies verhindert.

3.4. Computergestützte Informationssysteme (MIS)

Das Ziel eines »Management-Informations-System« ist es, daß der Manager, d. h. jeder im Unternehmen verantwortlich Handelnde (Geschäftsleitung, Abteilungsleiter und steuernde Sachbearbeiter), die zur Durchführung seiner Aufgaben notwendigen Informationen systematisch erhält:

- mit dem richtigen Inhalt
- zur richtigen Zeit
- in der zweckmäßigsten Form

Entsprechend den unterschiedlichen Hauptfunktionen des Managements muß eine Information einmal Führungs-Information zur Planung, zum anderen Steuerungs- und Kontroll-Information für tägliche Entscheidung und Abrechnung sein. Das betriebliche Informationswesen muß folgenden Anforderungen entsprechen:

- rascher Zugriff zu den Informationen,
- Richtigkeit und Aussagefähigkeit der Information,
- Wirtschaftlichkeit der Informationsbereitstellung,
- Nachprüfbarkeit der detaillierten Daten.

Ein schneller Zugriff zur Information setzt voraus, daß die Information überhaupt vorhanden, der Informationsgeber bekannt und der Rückmeldeweg kurz ist. Management-Informationen sind in der Regel komplexe Informationen, die sich erst aus der Bearbeitung von Rohinformationen ergeben.

Die Richtigkeit einer Information ist mit ihrer Aussagefähigkeit gekoppelt. Gerade Management-Informationen als Ergebnis der Informationsverarbeitung müssen aktuell sein und ohne Umwege den Manager erreichen, soll der Gefahr der Filterung und Verfälschung begegnet werden.

Der Einsatz von datenverarbeitenden Systemen hat in den letzten Jahren auf diesem Gebiet entscheidende Fortschritte gebracht.

Die technischen Möglichkeiten reichen heute aus, um jeden Unternehmer im wirtschaftlichen Rahmen die erforderlichen Informationen zu liefern, die in vielen Betriebsbereichen eine Entscheidungs-Automation erlauben und dadurch menschliche Arbeitskraft für Führungsaufgaben (Planung) freisetzen.

Von einem »Informationssystem« wird daher in der neuesten betriebswirtschaftlichen Literatur fast nur dann gesprochen, wenn EDV-Anlagen verwendet werden. Im übrigen gibt es keine allgemein anerkannte Definition des Begriffes Management-Informations-System.

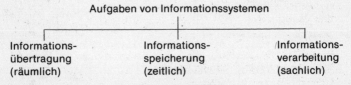

Abb. 16: Aufgaben von Informationssystemen

Integrierte Datenverarbeitungs-Systeme

Das Endziel eines jeden Organisators stellt das integrierte Datenverarbeitungs-System dar. Ein solches System läßt sich nur auf den beiden vorangehenden Entwicklungsstufen praktisch erreichen.

Partielle Datenverarbeitung

Jeder Problemkreis, wie Lohnabrechnung, Debitorenbuchhaltung, Fakturierung, Disposition, Lagerwirtschaft, Terminverfolgung usw., wird für sich gelöst. Hierzu werden jeweils gesonderte Dateien (Personal- und Lohndatei, Kundendatei, Auftragsdatei usw.) aufgebaut. Viele Daten werden in den einzelnen Dateien dadurch mehrmals gespeichert.

Simultane Datenverarbeitung

Hier werden zwei oder mehrere Problemkreise verarbeitungstechnisch miteinander verknüpft, z. B. die Fakturierung mit gleichzeitiger Umsatzverbuchung und Ermittlung der Vertreterprovision.

Integrierte Datenverarbeitung

Diese ist die konsequente Weiterentwicklung der simultanen Datenverarbeitung. Verschiedene Funktionsbereiche innerhalb einer Arbeitsphase werden miteinander verbunden.

So löst z. B. die Bearbeitung eines Kundenauftrages nachstehende Tätigkeiten aus:
- Überprüfung der Kreditwürdigkeit,
  Prüfung der Lieferbereitschaft,
- Auftragsabwicklung und Warenbereitstellung,
- Warenversand mit Versandweg-, Auswahl und Versandkostenermittlung,
- Fakturierung,
- Warenbewegungs-Buchung,
- Umsatzbewegungs-Buchung,
- Kontrolle der Außenstände,
- Provisionsabrechnung,
- Statistische Auswertung.

Die Ziele der integrierten Datenverarbeitung sind:
- künstliche Abteilungsgrenzen werden abgebaut,
- die manuelle Eingabe wird auf ein Minimum reduziert,

- Verwirklichung einer betriebswirtschaftlichen Konzeption,
- Reduzierung von Eingabefehlern,
- Folgemaßnahmen werden programmiert veranlaßt und dadurch nicht vergessen.

Die Datenbank-Organisation

Eine integrierte Datenverarbeitung läßt sich nur durch den Aufbau einer Datenbank verwirklichen. Dateien für partielle und simultane Datenverarbeitung enthalten viele gleichlautende Informationen. In der Datenbank wird jede Information nur einmal gespeichert und über Kennziffern mit den einzelnen Problemkreisen verbunden.

Diese, häufig als Management-Informations-Systeme (MIS) bezeichneten Informationssysteme sollen die schnelle und funktionsbezogene Versorgung der Führungskräfte mit aktuellen Informationen für die Urteils- und Entscheidungsfindung bewerkstelligen.

Folgende Probleme sind bei der Entwicklung dieser Systeme zu überwinden:
a) Daten stammen aus der Vergangenheit. Sie dienen der Abrechnung und Kontrolle der abgelaufenen Betriebsprozesse.
b) Die Informationen werden in der Regel wenig verdichtet und zu führungswichtigen Aussagen transformiert. Aus diesem Grunde besitzen sie keine unmittelbare Bedeutung für unternehmerische Entscheidungsprozesse. Sie haben nur den Charakter von Basisdaten, die von der Unternehmungsführung in Prognosen umgeformt werden müssen.
c) Das Management wird mit historischen Informationen überlastet. Wichtig aber ist die Realisierung eines zukunftsbezogenen Informationssystems, das in der Lage sein soll, alle Entscheidungsträger in der Unternehmung und insbesondere die Unternehmungsführung mit entscheidungsrelevanten Informationen zu versorgen (= entscheidungsorientierte Informationssysteme). Bei der Gestaltung solcher Systeme müssen die grundsätzlichen Unterschiede der dispositiven und der strategischen Führungsebene berücksichtigt werden.

Diese Unterschiede haben wesentliche Konsequenzen für die Systemorganisation.

Dispositive Informationssysteme sollen Informationen für wiederholbare Informationssysteme liefern, während strategische Informationssysteme den Informationsbedarf bei unvorhersehbaren, einmaligen Entscheidungen zu decken haben. Letztere sind die zentralen Aufgaben der Unternehmungsführung.

d) Der Prozeß der Systemgestaltung, heute fast nur von EDV-Fachleuten durchgeführt, ist in vier Phasen einzuteilen:
1. Probleme erkennen und analysieren,
2. Methodische Lösungswege suchen und modellartig konzipieren,
3. Verfahrenstechnische Konzeptionen entwickeln,
4. Reale Hardware-/Software-Systeme konstruieren.

Die meisten EDV-Fachleute sind in der Regel nur in der Lage, die beiden letzten Phasen zu beherrschen und zu durchschauen. Ihnen fehlt die betriebswirtschaftliche Kenntnis der Zusammenhänge. Die Einschaltung von Fachleuten des Managements wird unterlassen. So kommt es oft zu Informationssystemen, die technisch einwandfrei gestaltet sind, allerdings ohne Bezug auf die betriebswirtschaftliche Problematik. Umgekehrte Fälle sind seltener.

Die Problematik der Management-Informations Systeme wird dann überwunden werden, wenn diese Schwachpunkte abgestellt sind und wenn auch die Unternehmungsführung die entscheidungsrelevanten Informationen zur Verfügung stellt.

Minicomputer und Datenbanksysteme

Minicomputer wurden für technische Aufgaben entwickelt. Aus diesem Grunde waren ihre Programmiersprachen meist maschinenorientiert (Assembler), oder sie verfügten über die Programmiersprache BASIC, die ebenfalls für den technisch-mathematisch-wissenschaftlichen Bereich geschaffen worden ist. Es zeigte sich jedoch bald, daß Minicomputer in einer Reihe von Anwendungen, auch im kommerziellen Bereich, zur Lösung von Aufgaben dienten. Verschiedene Hersteller haben daher begonnen, für ihre Minicomputer auch Programme zu liefern, die einfache kommerzielle Probleme lösen, wie z. B. Lageroptimierungsprogramme oder sogar die Lohnabrechnung. Alle diese Programme laufen in der sog. Stapelverarbeitung ab, d. h. die Daten werden gesammelt und in Stapeln vom Rechner verarbeitet.

Nur wenige Minicomputer ermöglichen Dialogverarbeitung, das bedeutet, daß vom Rechner Daten in einer Datendatei aufgesucht werden, und sie zur Beantwortung einer Frage auf dem Bildschirm erscheinen. Hier sollen die Minicomputer beschrieben werden, die bereits mit Datenbanken arbeiten.

Datenbanken waren bis vor kurzem noch den großen bzw. mittelgroßen Computern vorbehalten. Aus diesem Grunde waren die Preise entsprechend hoch, und die in Frage kommenden Anwender waren meist Großunternehmer. Auf dem deutschen Markt befinden sich zur Zeit ca. 10 *Minicomputerhersteller,* die ein Datenbanksystem anbieten, das in seiner Leistungsfähigkeit bereits großen EDV-Anlagen gleichkommt. *Ein* Minicomputerhersteller ist sogar in der Lage, ein weltweit eingeführtes Datenbanksystem einzusetzen, das aus den Vereinigten Staaten kommt und den Namen »Total« trägt. Es handelt sich dabei nicht etwa um eine Verkürzung und Verkleinerung des Systems, sondern es handelt sich um das »full range total«, das sogar mit den Programmiersprachen Cobol und RPG II einen Zugriff zur Datenbank ermöglicht. Ein Punkt ist allerdings für den interessierten Anwender zu beachten. Verschiedene Minicomputerhersteller bieten das Datenbanksystem kostenlos an, andere verlangen für das Programm fünfstellige Summen.

3.5. Die Anwendungsmöglichkeiten der Systemtechnik

Die Systemtechnik läßt sich da einsetzen, wo weitreichende Probleme nur auf einer fachübergreifenden, interdisziplinären Basis zufriedenstellend gelöst werden können.

Die Systemtechnik findet ihre Grenzen in der Tatsache, daß sie keine Patentrezepte zur Lösung komplexer Probleme anbieten kann. Das methodische Instrumentarium ist darüber hinaus verbesserungs- und ergänzungsbedürftig.

a) Bei umfangreichen Problemfeldanalysen und darauf aufbauenden Ziel- und Maßnahmeplanungen, z. B. Standortwahl, Verkehr, Forschungs- und Entwicklungsförderung.
b) Beim Aufbau öffentlicher und betrieblicher *Datenbanken* und *Informationssysteme* bzw. Informationszentren.
c) Bei der Entwicklung integrierter *Planungs-, Entscheidungs- und Kontrollsysteme* für Verwaltungsorganisationen.
d) Bei der Analyse und Entwicklung von Systemen zur *Unternehmungsgesamtplanung*.
e) Bei der Errichtung computergestützter, entscheidungsorientierter *Informationssysteme*, z. B. für das Marketing, die Finanzierung, Produktion.
f) Bei Systemen zur *nutzwertanalytischen Bewertung* von Entwicklungsvorhaben, z. B. im Bauwesen, in der Produktionsplanung.
g) Bei Systemen zur *Automatisierung* von Produktions- und Transportabläufen.

Die Durchführung und Anwendung der Systemtechnik war und ist nur möglich mit Hilfe der elektronischen Datenverarbeitung.

Die Datenverarbeitung als Instrument zur Anpassung an wirtschaftliche Wechsellagen

Unter Anpassung an konjunkturelle Wechsellagen, sei das rechtzeitige Erkennen eines Auftragstiefs oder eines Auftragshochs zu verstehen. Das Problem eines Unternehmers ist es, Auftragsschwankungen frühzeitig zu erkennen, um bei den Lieferanten die entsprechenden Bestellungen frühzeitig durchzuführen bzw. die Bestellungen zu drosseln. Mit Hilfe eines EDV-Programmes ist es

z. B. möglich, die Kalkulation eines gesamten Lieferprogrammes bis hin zu den Einzelteilen veränderten Bedingungen anzupassen.

Das kann mit guten Programmen in wenigen Stunden geschehen, so daß ein Unternehmer sich in preislicher Hinsicht immer marktkonform verhalten kann.

Vor allen Dingen der Vorteil, daß im Fertigungsbereich Leistungsübersichten, Zeitstatistiken, Fehlzeitlisten, Erledigungsprotokolle usw. schon nach kurzer Zeit zur Verfügung stehen, ermöglicht eine Anpassung an den sich verändernden Markt.

Aus einer Studie des VDMA sind folgende Daten entnommen. Der sinnvolle Einsatz der Datenverarbeitung in einer Unternehmung des Maschinenbaus konnte mit folgenden Zahlen belegt werden:

- Verkürzung der Durchlaufzeiten um ca. 30%
- Verbesserung der durchschnittlichen Kapazitätsauslastung auf 90%
- Verringerung des durchschnittlichen Terminverzugs bei Aufträgen mit Terminrückstand auf 5 Tage
- Anteil der rückständigen Aufträge gesunken um fast 40%
- Steigerung des Produktionsvolumens bei gleicher Personalkapazität und gleichen fertigungstechnischen Gegebenheiten um ca. 25%.

Einsparungen im Materialbereich

- Abbau der Lagerbestände an Roh-, Halb- und Fertigfabrikaten um ca. 40%
- Verringerung der Kapitalbindung um 40%
- Lieferbereitschaft fast 100%

Veränderungen im Personalbereich

Im Personalbereich konnte die Produktivität bei gleichzeitiger Einsparung der Personalkosten um 10%, von 60 auf fast 80% gesteigert werden.

Mit diesem Beispiel wird deutlich, daß die Datenverarbeitung selbst in ihrer konventionellen Form einen beachtlichen Wettbewerbsvorteil für den mit sich bringt, der sie sinnvoll einsetzt.

Sie ermöglicht die Anpassung an wirtschaftliche Wechsellagen, weil die Entwicklung über Statistiken sehr schnell erkannt wird, und sie ermöglicht diese Anpassung, weil bis in Detail gehende Vorausberechnungen und Vorausplanungen möglich sind.

4. Die Bedeutung der Datenverarbeitung innerhalb der Organisation

4.1. Was ist Datenverarbeitung?

In der Literatur wird die Datenverarbeitung häufig unabhängig von der Organisation gesehen. Die Datenverarbeitung darf jedoch nicht Selbstzweck sein, sondern sie muß als Hilfsmittel des Menschen betrachtet werden. Die moderne Organisationslehre ordnet daher die Datenverarbeitung der Organisation informationeller Arbeitsprozesse (H. Schwarz), oder der Information und Kommunikation in der Betriebswirtschaft (E. Heinen) zu.

Eine derartige Einordnung der Datenverarbeitung kann vor allen Dingen dem Management, aber auch dem Mitarbeiter im Betrieb die Furcht vor der Anwendung der Datenverarbeitung nehmen. Nur wenn der Mensch im Mittelpunkt steht und die Datenverarbeitung als Hilfsmittel sieht, das er beeinflussen kann, wird man ihr voll gerecht.

Informationen

Informationen entstehen dort, wo Signale eine Bedeutung erhalten. Signale, auch Zeichenträger genannt, sind untereinander austauschbar und können verschiedene Informationen übertragen. Dabei ist es für den Sender einer Information von entscheidender Bedeutung, daß der Empfänger über das gleiche Repertoire an Zeichen verfügt. Schon eine geringe Anzahl von Signalen, z. B. die Zeichen 0 und 1 bzw. kurz/lang ermöglichen die Übertragung von Informationen.

Kommunikation im betrieblichen Bereich

Unter Kommunikation ist der *Vorgang und die Darstellung der Informationsübertragung zwischen nachrichtenverarbeitenden Syste-*

men zu verstehen. Der Betrieb ist ein Bereich, in dem Kommunikation von besonderer Bedeutung ist. Mitarbeiter in den verschiedensten Abteilungen klagen darüber, daß die Kommunikation mangelhaft, ungenau oder schlecht organisiert sei. Es sollte aber ein Ziel der Unternehmensleitung sein, die vielen Informationen, die fortlaufend im Betrieb anfallen, den Personen, die sie benötigen, zur Verfügung zu stellen. Dies Ziel ist mit herkömmlichen Organisationsmitteln immer schwerer zu erreichen. Gründe dafür sind:

– Das Mengen- und Raumproblem,
– das Zeitproblem und
– das Problem der Qualität der Informationen.

Die Erklärung dafür liegt auf der Hand. In Betrieben fallen nämlich aufgrund immer besserer Methoden der Informationsgewinnung immer *mehr Informationen* an, die gespeichert und im betrieblichen Entscheidungsprozeß berücksichtigt werden müssen. Auch der *Zeitfaktor* spielt dabei eine Rolle. Sowohl innerbetrieblich als auch außerbetrieblich ist durch bessere technische Möglichkeiten, wie Fernschreiber, Telefon, Rohrpost, Kopierverfahren usw., die Geschwindigkeit der Informationsübertragung gestiegen. Hinzu kommt, daß Antworten heute aufgrund der besseren Kommunikationsmethoden zwischen den Betrieben *schneller zur Verfügung* stehen mussen als früher. Auch das *Qualitätsproblem* darf nicht vergessen werden. In jedem Bereich der Wirtschaft steigt die benötigte Genauigkeit der Informationen und damit die gewünschte Qualität der Aussage an.

Techniken der betrieblichen Informationsverarbeitung

Mit den vier oben genannten Problemkreisen der Informationsverarbeitung (Mengen- und Raumproblem, Zeitproblem, Qualitätsproblem) muß sich heute jeder Betrieb auseinandersetzen. Fünf Stufen der Informationsverarbeitung (Datenverarbeitung) sind im Betrieb darstellbar.

Die dargestellten Stufen erstrecken sich von der Datenverarbei-

Stufe	Automatisierungs-grad	Hilfs-mittel	Funktion des Menschen
I	nicht	Rechenschieber Bleistift	Datenverarbeitung durch den Menschen
II	gering	konventionelle Büromaschinen	Datenverarbeitung durch den Menschen mit mechanischen Hilfsmitteln
III	teilweise	Büromaschinen mit teilweise automatischen Abläufen (Buchungsmaschinen)	Der Mensch steuert das System, ist aber noch überwiegend beteiligt
IV	groß	Einfache Datenverarbeitungsanlagen	Maschinen steuern Abläufe, der Mensch hat überwiegend überwachende Funktion
V	sehr groß	Großcomputer	Vollautomatisch ablaufende Systeme; der Mensch hat nur überwachende Funktion

tung durch den Menschen mit geringen Hilfsmitteln bis zum Computer, der die Steuerung von Datenverarbeitungsprozessen selbst übernimmt (Informationssysteme). Dazwischen liegt der große Bereich der in der Praxis anzutreffenden »Datenverarbeitungssysteme«, mit denen der Mensch versucht, der Informationsmenge Herr zu werden. Ein weiteres Ziel ist es, die Geschwindigkeit der Informationsübertragung zu erhöhen und die Aussagequalität der Information zu verbessern.

Merkmale des Datenverarbeitungsprozesses

Datenverarbeitungsprozesse laufen grundsätzlich nach gleichen Kriterien ab, ob sie manuell oder mit Hilfe von Datenverarbeitungsanlagen = Computern durchgeführt werden. Die Reihenfolge der Verarbeitung ist meist folgende:

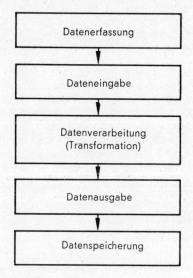

Abb. 17: Datenverarbeitungsprozeß

Datenerfassung
Daten müssen zuerst in der Form auf einem Datenträger erfaßt werden, in der sie weiterverarbeitet werden können. Bei manuellen Systemen genügt ein Formular, eine Karteikarte oder nur einfach eine Notiz auf einem Stück Papier.

Bei konventionellen Büromaschinen sind es zum Beispiel Additionsstreifen oder Kontokarten. Zu mechanisierten Systemen gehören unter anderem der Lochstreifen, die Lochkarte oder eine Magnetkassette.

Dateneingabe
Die Dateneingabe erfolgt bei manuellen Systemen durch das Lesen von Daten und zum Beispiel das Eintasten in eine Rechenmaschine. Bei Datenverarbeitungsmaschinen müssen hingegen besondere Eingabegeräte zur Verfügung stehen, die die Datenträger automatisch abrufen und lesen.

Datenverarbeitung
Die Datenverarbeitung (Datentransformation) läuft als Prozeß im menschlichen Gehirn ab. Der Mensch liest die Daten und entschlüsselt sie. Er verarbeitet sie nach einer Arbeitsvorschrift und schreibt sie auf einen Datenträger (Formular, Karteikarte). Ähnlich sind die Abläufe im Computer. Daten müssen ihm auf *maschinenlesbaren Datenträgern* zur Verfügung gestellt werden. Sie werden *eingelesen* und nach einer Arbeitsvorschrift (Programm) verarbeitet.

Datenausgabe
Die Ausgabe erfolgt auf verschiedene Datenträger. Bei manuellen Systemen sind es schreibmaschinengeschriebene Ergebnisse oder manuelle Eintragungen. Die Datenverarbeitungsanlage benutzt dazu die Lochkarte, Lochstreifen oder druckt die Ergebnisse aus.

Datenspeicherung
Die Speicherung größerer Datenmengen erfolgt mit Hilfe von Aktenordnern, Karteikästen und Archiven in manuellen Systemen. Sollen große Datenmengen von Datenverarbeitungsanlagen gespeichert werden, dann sind besondere, meist magnetisierbare Datenträger einzusetzen. Die verschiedenen Möglichkeiten der Verfilmung von Dokumenten sind ebenfalls anwendbar.

Aus: Jamin/Brenneis, Praktisches Lehrbuch der Datenverarbeitung, München 1975, S. 17.

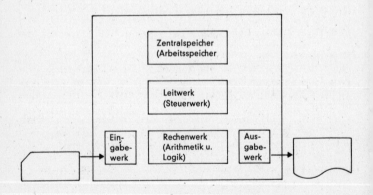

Abb. 18: Zentraleinheit (aus: Jamin/Brenneis, Praktisches Lehrbuch der Datenverarbeitung, München 1975, S. 52)

Aufbau einer Datenverarbeitungsanlage (Zentraleinheit, Computer)

Eine Zentraleinheit ist »eine Funktionseinheit innerhalb eines digitalen Rechensystems, die Prozessoren, Eingabewerke, Ausgabewerke und Zentralspeicher (Arbeitsspeicher) umfaßt« (DIN 44300). Die einzelnen Bauelemente der Zentraleinheit werden in der Literatur unterschiedlich bezeichnet. Unter Verwendung der DIN-Normen 44300 ergeben sich folgende Definitionen für die Elemente der Zentraleinheit:

Eingabewerk

Eine Funktionseinheit innerhalb eines digitalen Rechensystems, die das Übertragen von Daten, von Eingabeeinheiten oder peripheren Speichern in die Zentraleinheit steuert und dabei die Daten gegebenenfalls modifiziert.

Ausgabewerk

Eine Funktionseinheit innerhalb eines digitalen Rechensystems, die das Übertragen von Daten von der Zentraleinheit in Ausgabeeinheiten oder periphere Speicher steuert und dabei die Daten gegebenenfalls modifiziert.

E/A-Werk

Eine Funktionseinheit, welche die Funktionen von Eingabewerk und Ausgabewerk in sich vereinigt.

Zentralspeicher

Ein Speicher, zu dem Rechenwerke, Leitwerke und gegebenenfalls Eingabewerke und Ausgabewerke unmittelbar Zugang haben.

Rechenwerk

Eine Funktionseinheit innerhalb eines digitalen Rechensystems, die Rechenoperationen ausführt.

Leitwerk (Steuerwerk)

Eine Funktionseinheit innerhalb eines digitalen Rechensystems, die die Reihenfolge steuert, in der die Befehle eines Programmes ausgeführt werden, diese Befehle entschlüsselt und dabei gegebenenfalls modifiziert, und die die für ihre Ausführung erforderlichen Signale abgibt.

Diese kurzen technischen Beschreibungen der wesentlichen Bauelemente eines Computers sagen im Grunde genommen nicht mehr aus, als daß ein Computer über eine *Eingabemöglichkeit* (Eingabewerk) verfügen muß, um Daten aufzunehmen. Ein derartiges Eingabewerk könnte z. B. mit dem Empfangsteil eines Radiogerätes verglichen werden.

Das *Ausgabewerk* dient zur Umformung der bearbeiteten Daten und kann mit dem Verstärker eines Radiogerätes, an den ein Lautsprecher angeschlossen werden kann, verglichen werden. Wie bei einem Radiogerät, so können auch an einen Computer verschiedene Geräte angeschlossen werden.

Der *Zentralspeicher* hat die Aufgabe, Daten aufzunehmen, aufzubewahren und abzugeben. Er ist am besten mit einem großen Regal zu vergleichen, das aus vielen numerierten Fächern besteht.

Die Fächer enthalten bestimmte Gegenstände (Daten), die eingelagert, zusammengefaßt und herausgenommen werden können. Den Speicherplatz eines bestimmten Gegenstandes findet man nur, wenn die Fachnummer (Adresse) bekannt ist. Der Speicher einer Datenverarbeitungsanlage enthält zuerst einmal die kurzfristig benötigten Daten. Das kann z. B. ein *Artikelstammsatz*, ein *Personalstammsatz* oder eventuell nur der Inhalt einer Formel sein. Große Datenmengen können niemals gleichzeitig im Speicher Platz finden. Sie werden vom *Programm* nach bestimmten Regeln in den Speicher zur Verarbeitung Schritt für Schritt geholt.

Ein *Programm* ist »*eine zur Lösung einer Aufgabe vollständige Anweisung zusammen mit allen erforderlichen Vereinbarungen*«. Das klingt sehr schwierig, ist jedoch einfach, denn ein Computer versteht nur eine ganz bestimmte Anzahl von Befehlen, wie z. B. addieren, subtrahieren, multiplizieren, dividieren, vergleichen, lesen, drucken, übertragen.

Werden diese Befehle in eine logische, sinnvolle Reihenfolge gebracht, so kann man mit diesen Befehlen (Programm) veranlassen, daß der Computer bestimmte Schritte automatisch nacheinander abarbeitet.

Die dazu benötigten Daten müssen zum Zeitpunkt ihrer Verarbeitung ebenfalls im Speicher bereitgestellt werden. Aus diesem Grunde ruft der Computer die Daten von den angeschlossenen Geräten, z. B. einem Lochkartenleser oder einem Magnetbandgerät oder einem Magnetplattengerät ab und überträgt sie in den Speicher.

Neben dem vom Anwender des Computers entwickelten oder eingesetzten Programm und neben den von ihm benötigten Daten steht im Speicher das *Betriebssystem*. Es steht während der Verarbeitung aller Programme im Speicher und kann mit einem programmierten Steuerungssystem verglichen werden. Ein Betriebssystem versetzt den Computer erst in die Lage, optimal zu arbeiten. Betriebssysteme werden von den Herstellern von Datenverarbeitungsanlagen *(Hardware)* mitgeliefert. Das Betriebssystem gehört, wie auch die anderen Programme, die gekauft, gemietet oder selbst hergestellt werden, zur Software.

Dateneingabe

In jedem EDV-System müssen Daten eingegeben, verarbeitet und ausgegeben werden. Zur Dateneingabe dient seit der Entwicklung der Lochkarte, im Jahre 1890 durch Hermann Hollerith, dieser Datenträger in den meisten Betrieben. Auch der Lochstreifen wird häufig zur Dateneingabe benötigt, vor allen Dingen dann, wenn zusammenhängende Daten eingegeben werden sollen.

Wenn die Daten nicht auf Lochkarten oder Lochstreifen, z. B. aus Kostengründen, wegen der umständlichen Datenerfassung oder aus Zeitgründen, eingegeben werden können, dann greift man heute bei größeren Datenmengen zur maschinellen Beleg-Verarbeitung. Dabei kann zwischen zwei Verfahren unterschieden werden, und zwar einerseits dem *Markierungsverfahren* und dem *Klarschriftverfahren*. Bei Markierungsverfahren werden mit Bleistift, Kugelschreiber (Lottoschein) oder maschinell Markierungen auf Original-Belegen angebracht, die später von Beleglesern in den Computern eingelesen werden können. Klarschriftleser sind sogar in der Lage, Texte, Buchstaben und Sonderzeichen optisch zu lesen (OCR-Schrift).

Die oben genannte OCR-Schrift ist z. B. auf dem unteren Rand eines Schecks angebracht.

Auch Magnetbänder bzw. Magnetkassetten werden in Magnetbanderfassungsgeräten eingesetzt, um vor allen Dingen große Datenmengen zu erfassen.

Die Datenerfassung auf Magnetplatten (Floppy-disk) ist noch nicht weit verbreitet. Diese Platten bestehen meist aus einer einzigen Plattenscheibe, die auf der Vorder- und Rückseite beschrieben werden kann. Die Daten von der Platte können entweder direkt in den Computer eingegeben oder auf einen Zwischenträger übertragen werden.

Sollen Daten sofort verarbeitet werden, und ist eine Zwischenspeicherung nicht notwendig, dann können Bildschirmgeräte (Terminals) zur Dateneingabe benützt werden. Diese Geräte können jedoch auch Daten vom Computer empfangen und sie auf dem Bildschirm sichtbar machen.

Datenverarbeitung

Zur Datenverarbeitung gehört ein Programm. Es besteht, wie bereits beschrieben worden ist, aus einer Reihe von Befehlen, die der Datenverarbeitungsanlage mit Hilfe einer *Programmiersprache* eingegeben werden. Kleine Datenverarbeitungsanlagen können meist nur eine Programmiersprache, die bei Minicomputern fest verdrahtet ist. Größere bzw. leistungsfähigere Datenverarbeitungsanlagen verfügen über mehrere Programmiersprachen. Programmiersprachen sind Teile des Betriebssystems und beeinflussen unter anderem die Leistungsfähigkeit einer Datenverarbeitungsanlage. Bei modernen

Datenverarbeitungsanlagen werden fast ausschließlich Programmiersprachen eingesetzt, bei denen die Problemlösung im Vordergrund steht. Diese Sprachen heißen »problemorientierte Programmiersprachen«. Im kommerziellen Bereich ist der Name einer derartigen Programmiersprache COBOL. Eine Datenverarbeitungsanlage ist mit Hilfe des Betriebssystems in der Lage, Programmiersprachen in die interne Sprache des Computers (Maschinensprache) zu übersetzen. Bevor jedoch eine Aufgabe auf die Datenverarbeitung übertragen werden kann, ist zu prüfen, ob sie überhaupt mit Hilfe der EDV verarbeitungswürdig und verarbeitungsfähig ist.

Die Anzahl der Probleme, die nicht automatisierungsfähig sind, ist in den letzten Jahren aufgrund immer neuerer Lösungsmethoden und Verfahren stark abgesunken. Die Verarbeitungswürdigkeit eines Problems hing vor Jahren vor allen Dingen von der Zahl der zu verarbeitenden gleichartigen Daten ab. Ein weiteres Kriterium für die Automatisierung ist die Häufigkeit, mit der die Daten zu verarbeiten sind und die Dringlichkeit der zur Verfügungstellung der Daten.

Heute ist die Zahl gleichartiger Daten nicht mehr so entscheidend wie früher, weil sowohl die Kosten der Datenspeicherung als auch die Kosten der Datenverarbeitung stark gesunken sind. Häufigkeit und Dringlichkeit beeinflussen heute in immer stärkerem Maß die Art der Datenverarbeitungsanlage bzw. die Fähigkeit des gesamten Datenverarbeitungssystems einschließlich der gelieferten Software.

Datenausgabe

Nach der Eingabe und Verarbeitung der Daten nach festen Regeln müssen die Informationen dem Empfänger zur Verfügung gestellt werden. Aus diesem Grunde sind Datenverarbeitungsanlagen in der Lage, die im Rechner erarbeiteten Ergebnisse über eine Reihe von verschiedenen Ausgabegeräten dem Menschen zur Verfügung zu stellen.

Daten können z. B. in Lochkarten über einen Lochkartenstanzer gestanzt werden. Es besteht jedoch auch die Möglichkeit, an eine Datenverarbeitungsanlage einen Lochstreifenstanzer anzuschließen, mit dessen Hilfe die Daten in Lochstreifen übertragen werden. Ein übliches Verfahren ist die Ausgabe über einen Drucker, so daß die Ergebnisse vom Menschen gelesen und weiterbearbeitet werden können. Auch Mikrofilmgeräte dienen der Datenausgabe. Sie finden jedoch nur dann Einsatz, wenn Daten in großen Mengen anfallen und diese nicht sofort gelesen werden müssen. Zur Rückvergrößerung dienen spezielle Lesegeräte, die nach einem Suchverfahren sogar automatisch bestimmte Daten aus einer Filmspule heraussuchen und vergrößern.

Im technischen Bereich werden sogenannte Plotter eingesetzt. Diese Geräte sind in der Lage, vom Computer ausgesandte Impulse in Bewegung umzusetzen und so Konstruktionen auszuführen.

Die Sprachausgabe ist zwar bereits im Angebot verschiedener EDV-Hersteller. Anwender haben sich jedoch bisher gescheut, diese Ausgabegeräte in größerem Umfang einzusetzen. Die Zukunft der Sprachausgabe liegt wahrscheinlich im Bereich der Auskunftssysteme.

4.2. Organisatorische Einordnung der Datenverarbeitungs-Abteilung

Die Datenverarbeitung ist ein Hilfsmittel, das den Ablauf informationeller Prozesse im Betrieb unterstützen soll. Die Datenverarbeitung bzw. Datenverarbeitungs-Abteilung wirft jedoch bei der aufbauorganisatorischen Strukturierung eines Betriebes eine Reihe von Fragen auf, die nicht einfach zu lösen sind. Wenn auch der organisatorische Grundsatz im Vordergrund steht, daß sachliche Aufgabenkomplexe zu bilden sind, so läßt sich nicht vermeiden, daß personenbezogene Aufgabengebiete in der Praxis gebildet werden. Wenn jedoch auch persönliche Probleme, Macht, Prestigedenken, aber auch die Fähigkeiten der Führungspersönlichkeiten die fachlich organisatorische Grundorganisation beeinflussen, so muß dennoch das Hauptziel im Auge behalten werden, eine optimale Bildung von Kompetenzbereichen zu erreichen, die auch auf längere Zeit bestehen soll.

Mit dem Einzug der Datenverarbeitung hat sich in den Betrieben eine Maschine durchgesetzt, die anders als alle vorherigen Hilfsmittel im Verwaltungsbereich nicht nur besonders wertvoll ist, sondern auch eigene Räume und eigenes Personal benötigt. Das bedeutet aber, daß die Datenverarbeitung von jeder Organisation aus gesehen völlig neue Maßstäbe setzt, ja, daß sie die Organisation maßgeblich beeinflußt.

Ein weiteres Problem ist es, daß die Datenverarbeitung nicht etwa für sich selbst arbeitet, sondern daß sie die Daten aus jedem betrieblichen Bereich erhält, um sie zu verarbeiten, und daß sie diese Daten wiederum anderen Abteilungen zur Verfügung stellt, die mit diesen Daten arbeiten müssen.

Damit entsteht die entscheidende Frage für die Organisation:

Wohin gehört die Datenverarbeitung, wem untersteht sie, wie ist ihre Beziehung zur Gesamtorganisation geregelt, und wie sind ihre einzelnen Abteilungen, z. B. die Abteilung Systemanalyse und Programmierung der Gesamtorganisation zugeordnet?

Eine Möglichkeit besteht darin, die Datenverarbeitungsabteilung als einen Teil der betrieblichen Organisationsabteilung zu sehen. Das würde aber bedeuten, der EDV-Leiter müßte sich trotz seiner hohen Qualifikation dem Leiter der Organisation unterordnen. Auch die Lösung, einen Leiter der Datenverarbeitung *und* Organisation einzusetzen, ist problematisch, weil dieser Fachmann meist aus der Datenverarbeitung hervorgegangen sein muß, da ein Organisationsfachmann kaum in der Lage ist, die komplizierten Probleme der Datenverarbeitung zu beherrschen. Aus diesen oben genannten Punkten bleibt die einzige Lösung für die Betriebe, eine *eigene Abteilung* für die Organisation und eine für die Datenverarbeitung einzurichten. Dabei wird die Datenverarbeitungsabteilung sicher nicht einer anderen Abteilung zugeordnet werden, sondern

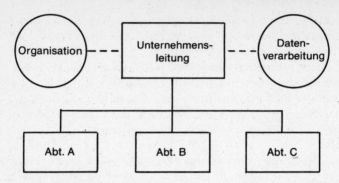

Abb. 19: Organisatorische Einordnung der Datenverarbeitungs-Abteilung

sie wird als Stabseinheit der Führungsspitze, also dem Top-Management, unterstellt. Dasselbe gilt für die Organisationsabteilung, so daß gewährleistet ist, daß diese beiden Abteilungen einerseits ihrer Bedeutung entsprechend eingeordnet sind, andererseits wegen ihrer gemeinsamen Unterstellung unter das Top-Management eng zusammenarbeiten müssen.

4.3. Entwicklungstendenzen in der Datenverarbeitung

Die Datenverarbeitung hat für die Organisation eine Reihe von Neuerungen gebracht, die einerseits von den technischen Entwicklungen beeinflußt werden, andererseits aus einer neuen Einstellung des Menschen zur Datenverarbeitung entspringen.

Nach Grochla ergibt sich die Notwendigkeit der Kommunikation von Mensch und Maschine im Informationssystem aus der logischen Interdependenz zwischen Information und Entscheidung. Aus der Integration der menschlichen Fähigkeit, komplexe Problemzusammenhänge zu erkennen und intelligente und originelle Problemlösungen zu finden, und der maschinellen Fähigkeit, große Datenmengen mit großer Geschwindigkeit zu verarbeiten, entsteht ein effizientes Informations- und Entscheidungssystem. (E. Grochla, Unternehmungsorganisation, Hamburg 1972, Seite 114)

Auch wenn in den folgenden Abschnitten über moderne Entwicklungen in der Datenverarbeitung berichtet wird, so sollen diese nicht darüber hinwegtäuschen, daß es sich dabei um Entwicklungen des Menschen handelt, die heute und auch in der Zukunft aufgrund ihres Verstandes dem Computer überlegen sein werden.

Mathematische Entscheidungstechniken für den Manager

Betriebliche Entscheidungen werden immer komplexer. Damit entstehen Aufgaben, die entweder überhaupt nicht mehr oder nur noch mit mathematischen Modellen und mit Hilfe der Datenverarbeitung gelöst werden können. Der Einsatz mathematischer Modelle zur Entscheidungsfindung wird *Operations Research* genannt.

Im Operations Research werden alle Möglichkeiten, sowohl der angewandten als auch der theoretischen Mathematik, ausgenutzt.

Standardmodelle und -verfahren

Es handelt sich dabei vor allen Dingen um mathematische Verfahren, die in den Naturwissenschaften eingesetzt werden, wie z. B. die Wahrscheinlichkeitsrechnung, die Statistik und lineare Gleichungssysteme.

Spezielle mathematische – rechnerische Modelle

Diese Verfahren werden bevorzugt von Managern zur Entscheidungsfindung eingesetzt. Es handelt sich dabei um folgende Methoden:

– Lineare Programmierung. Es werden in einem Modell die Abhängigkeiten von einer Maschine, einem Betriebsteil oder ganzer Betriebe untereinander durch lineare Gleichungen oder Ungleichungen dargestellt. Dabei ist der optimale Wert einer linearen Zielfunktion zu bestimmen.

- *Nichtlineare Programmierung.* Es handelt sich um ein Modell, bei dem nichtlineare Gleichungen berechnet werden. Die Zielfunktion und Nebenbedingungen nehmen sehr viele Formen an und helfen bei der Überprüfung, ob eine Lösung richtig sein kann oder nicht.
- *Dynamische Programmierung.* Es werden über mehrere Planungsperioden hinweg die Abhängigkeiten durch Gleichungen oder Ungleichungen dargestellt. Dabei wird der optimale Wert einer Zielfunktion bestimmt, so daß die Ergebnisse einzelner Planungsperioden miteinander verknüpft werden können. Auf diese Weise können Tendenzen schon sehr frühzeitig festgestellt werden.
- *Lagerhaltungsmodelle.* Hier werden die Beziehungen zwischen Bestell- und Losgröße, der Kapitalbindung und der Bestandsführung dargestellt. Auf Grund der Berechnungen können Bestellzeitpunkt und Bestellmenge sowie Lagerhaltungskosten optimiert werden. Ein Beispiel soll das verdeutlichen (Abb. 20).

- *Wartezeitmodelle.* Mit diesen Modellen wird versucht, die Wartezeiten zu verringern, und zwar in Abhängigkeit von der Zahl der wartenden Einheiten, der Bearbeitungszeit, der Kosten der Wartezeit usw. Hier sind bestimmte REFA-Methoden und Modelle in ein komplexes Programm eingegeben worden, um eine Verringerung der Wartezeiten zu erreichen.
- *Netzplantechnik.* Manager haben sich als erstes an die Netzplantechnik herangewagt. Sie ist heute selbst mit Minicomputern zu verwirklichen, Großcomputer sind in der Lage, sehr komplexe Netzpläne zu berechnen und auf einem Plotter (Zeichengerät) optisch darzustellen. Aber auch Darstellungen von Netzplänen auf Bildschirmen sind bereits verwirklicht.
Bei der Netzplantechnik werden die Abhängigkeiten zwischen Vorgängen und Abläufen sowie deren Zeitdauer in einem Netz zusammengefaßt. Dabei können verschiedene Kriterien optimiert werden, wie z. B. die Kosten, die Bearbeitungszeiten und die Strukturen.

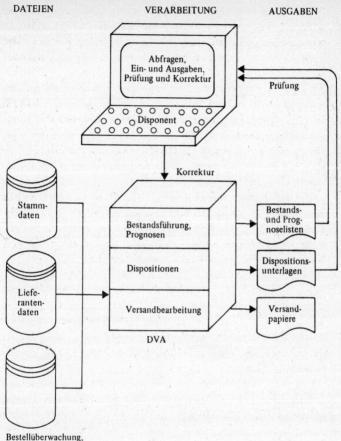

Bestellüberwachung,
Bestandsfortschreibung
Lagerbewertung
Materialabgangsfortschreibung,
Lagerhüterüberwachung,
Lagerbewegungsnachweis.

Abb. 20: Lagerhaltung als Regelkreis

(aus: Jamin, K.: Entscheidungsorientiertes Management als Regelkreis, Studienskripten zur Betriebswirtschaftslehre, Reihe I, Grundlagen, Hrsg. Wolfgang Leiderer, München 1976.

- *Risiko-Analyse-Modelle.* Hier werden die Abhängigkeiten von Kosten, Volumen und Erträgen mit Hilfe der Wahrscheinlichkeitsrechnung berechnet, um das Risiko bei umfangreichen Projekten festzustellen, um damit den Unternehmenserfolg zu optimieren.
- *Spieltheorie.* Die Spieltheorie ist, wie viele andere Verfahren des Operations Research, zuerst im militärischen Bereich eingesetzt worden. Bei einem der ersten Einsätze soll es sich um eine Insel gehandelt haben, um die ein Geleitzug der Japaner herumfuhr. Die Nordstrecke führte durch ein Schlechtwettergebiet und beanspruchte drei Tage, die Südumrundung führte durch ein Gebiet mit meist gutem Wetter und dauerte ebenfalls drei Tage. Die Amerikaner wollten nun mit der Spieltheorie voraussagen, welche Route die Japaner wählen würden, um möglichst viel Zeit zur Bombardierung zu haben. Sie stellten dazu die folgende Tabelle auf:

		Geschätzte Tage zur Bombardierung:	
		Japanische Strategien	
		Nord-Route	Süd-Route
Amerikan. Strategien	Nord-Route	2 Tage	2 Tage
	Süd-Route	1 Tag	3 Tage

Abb. 21: Spieltheoretische Überlegungen

Wie oben dargestellt ist, handelt es sich bei der Spieltheorie um die Abhängigkeit zwischen dem eigenen Verhalten und der erwarteten Reaktion eines oder mehrerer Gegner bzw. Mitbewerber. Ziel ist es, einen Weg zu finden, der für den eigenen Betrieb den besten Erfolg liefern wird. Die Japaner *und* Amerikaner wählten die Nord-Route. Die Amerikaner waren so *sicher, mindestens* zwei Tage zur Bombardierung zur Verfügung zu haben. Die Japaner waren sicher, daß sie *höchstens* zwei Tage, eventuell nur einen Tag, dieser Bombardierung ausgesetzt waren.

Walter Lönneker berichtet in der »Computer-Zeitung« über den Einsatz der mathematischen Entscheidungstechniken und kommt zu dem Ergebnis, daß eigentlich nur die Netzplantechnik und die Spieltheorie sich weitgehend durchgesetzt haben. Aber schon ein Programm zur Tourenoptimierung, das zur Eingabe mehr als tausend Parameter vorsieht, wird vom Management kaum als Werkzeug eingesetzt. Er stellt dabei deutlich fest, sobald der Computer mehr als nur ein Werkzeug wird und nur für Spezialisten durchschaubar ist, hat er für die Managemententscheidung keine Bedeutung. Aus diesem Grunde sind moderne Berichtssysteme entstanden, die nach dem Prinzip eines Informationsfilters nur *die* Unterlagen dem Management zur Verfügung stellen, die eine Abweichung von den Planzahlen außerhalb der Toleranzgrenzen aufweisen. Hier handelt es sich dann um das Prinzip des »Management by exception«.

Einen anderen Weg geht die Anwendung von *Simulationsprogrammen*. Das Management kann mit Hilfe eines derartigen Programmes verschiedene Reaktionen durchprobieren und einen optimalen Weg herausfinden. So kann z. B. das Management die wahrscheinlichen Konsequenzen einer Entscheidung mit Hilfe eines Modells durchspielen und so die wahrscheinlichen Konsequenzen im voraus überlegen. Diese Simulationsprogramme sind vor allen Dingen dann einsetzbar, wenn eine Reihe von Operation Research-Programmen nacheinander einzusetzen wären. Simulationsprogramme benutzen automatisch verschiedene Operations Research-Verfahren.

So bietet z. B. ein deutscher EDV-Hersteller Simulationsprogramme im betriebswirtschaftlichen Bereich an, die es ermöglichen, Marktkonstellationen, Investitionsentscheidungen, Personalkostenentwicklungen und sogar Entwicklungen der Produktivität am Arbeitsplatz des Managers über Schreibmaschinen und Bildschirme voraussehbar zu machen. Als Eingabe dienen z. B. Parameter wie Investitionen, Kapitalumschlag, Personalkosten usw., also Daten, die sich auf die Gesamtkosten und den Gewinn sowie die Liquidität auswirken.

In dem oben genannten Artikel kommt Walter Lönneker zu dem Schluß, daß gerade die Anwendung von Simulationstechniken in den kommenden Jahren eine entscheidende Hilfe für das Management sein wird.

Dezentralisation in der Datenverarbeitung

Verschiedene Untersuchungen in der Praxis haben bisher eine eindeutige Tendenz der Zentralisationswirkung der Datenverarbeitung festgestellt. Die Folge war, daß eigene Datenverarbeitungsabteilungen entstanden, deren Einordnung in die betriebliche Hierarchie gewisse Probleme aufwarf (vgl. Kapitel 4.2.).

Bei diesen Betrachtungen wurde jedoch nicht deutlich genug zwischen der Informationsverarbeitung und der Entscheidung als Resultat dieser verarbeiteten Informationen unterschieden.

Bei der Betrachtung eines großen EDV-Systems und bei der Analyse der Informationsflüsse wird deutlich, daß die Datenverarbeitung eindeutig eine Zentralisation der Informationsverarbeitung bewirkt.

Es ist jedoch die Frage, ob mit dieser Zentralisation der Informationsverarbeitung auch eine Zentralisation der Entscheidungsprozesse gekoppelt ist.

Bei Berücksichtigung des Einsatzes von Bildschirmen kann gesagt werden, daß durchaus eine Entscheidungsdezentralisation bei zentraler Informationsverarbeitung möglich ist.

Nach Grochla[1] hängt die Entscheidungszentralisation bzw. Dezentralisation von verschiedenen Faktoren ab, wie z. B. der Managementphilosophie, der Betriebsgröße und den Konkurrenzverhältnissen.

Dezentralisierte Datenverarbeitung

Der Begriff dezentralisierte Datenverarbeitung hat sich in den letzten Jahren neben den Begriffen *Distributed systems, Distributed Computing, Distributed Intelligence, dezentralisierte Computer-Intelligenz, Arbeitsplatz-funktionsorientierte Datenverarbeitung* in die Literatur eingeführt.

Warum hat sich dieser Begriff, der nichts anderes meint als dezentralisierte Informations- und Datenverarbeitung so schnell durchgesetzt? Der Hauptgrund ist in der technischen Entwicklung zu suchen. Minicomputer sind in den letzten Jahren in den Preisen derartig gesunken, daß es sich heute bereits lohnt, in die Filiale eines Betriebes einen Computer zu stellen, statt der Filiale es zu ermöglichen über einen Bildschirm zum zentralen Computer zuzugreifen. Vgl.: Referat von Prof. Dr. Erwin Grochla, Universität Köln, auf dem internationalen Kongreß für Datenverarbeitung 1976.

Computer am Arbeitsplatz

Time-sharing-Systeme haben den Nachteil, daß bei steigender Anwenderzahl die Wartezeiten immer größer werden. Selbst wenn diese Zeiten keine Rolle spielen, sprechen gegen Time-Sharing-Systeme und für die Dezentralisation der Datenverarbeitung z. B. folgende Punkte:

- Zweigwerke und Filialen werden selbständiger.
- Die Auskunftsbereitschaft z. B. von Filialen wird größer.
- Auch Mini-Computer können bereits am Punkt ihres dezentralen Einsatzes eine Multiprogramm-Verarbeitung durchführen.
- Dezentral eingesetzte Datenverarbeitungsanlagen (Mini-Computer) können ohne Störung des gesamten Ablaufs neu und umprogrammiert werden und lassen dem Management einen viel

größeren Spielraum als der Anschluß an ein großes System es ermöglichen würde.
- Mini-Computer sind auf längere Sicht meist preisgünstiger als große Time-sharing-Systeme mit ihren angeschlossenen Bildschirmen und Druckerstationen.
- Das Interesse an der Datenverarbeitung steigt beim einzelnen Mitarbeiter.
- Die Verantwortung des einzelnen Mitarbeiters am EDV-System steigt.
- Datenverarbeitung am Ort des Datenanfalls bringt weniger Erfassungs- und Eingabeprobleme mit sich.

Dezentralisation der Datenerfassung

Im Bereich der Datenerfassung zeichnen sich zwei Richtungen ab, die beide von der zentralen Datenerfassung im Betrieb wegführen.

Die *erste* Tendenz bewegt sich in die Richtung auf Datensammel-Systeme. Für die Erfassung von großen Datenvolumen wurden in jüngster Zeit diese Datensammel-Systeme entwickelt, die aus intelligenten und anpassungsfähigen Aggregaten bestehen und im wesentlichen folgende Hauptaufgaben übernehmen.

- Daten erfassen und prüfen unter Programmkontrolle über Tastatur.
- Daten anzeigen auf den angeschlossenen Bildschirmen.
- Daten sammeln auf Magnetplatten oder Magnetkassetten.
- Daten ausgeben auf computergerechten Magnetbändern bzw. Platten.

Die Funktion von Datensammel-Systemen ist dadurch gekennzeichnet, daß die über die Tastatur von mehreren Erfassungsplätzen eingegebenen Daten zu einem *eigenen* Rechner übertragen und dort unmittelbar verschiedenen formalen und logischen Prüfungen unterworfen werden.

Die geprüften und als richtig erkannten Daten werden auf den Bildschirmen des Erfassungsplatzes dargestellt und sind somit visuell kontrollierbar.

Die Zwischenspeicherung der erfaßten Daten erfolgt z. B. auf einer Magnetplatte, die auch die entsprechenden Anwenderprogramme aufnimmt. Die erfaßten und geprüften Daten können dann auf Magnetbänder übertragen werden. Dies erfolgt meist in der für die Weiterverarbeitung gewünschten Form, so daß zusätzliche Sortier- und Prüfgänge nicht mehr erforderlich sind.

Zu beachten ist, daß Datensammel-Systeme eigene Computer-Systeme darstellen, die sich hauptsächlich mit der Erfassung und Prüfung von Daten und ihrer Übertragung auf Magnetbandeinheiten oder Platteneinheiten beschäftigen. Die so gespeicherten Daten können dann einer EDV-Anlage zur Weiterverarbeitung zugeführt werden. Dementsprechend haben Datensammel-Systeme eine eigene umfangreiche Software (Programme), die die Ausführung einer Vielzahl von Datenerfassungs- und Datenprüffunktionen gestattet. Die Leistungsfähigkeit von Datensammel-Systemen wird im wesentlichen durch folgende Hauptanforderungen der Praxis bestimmt:

- Hohe Erfassungsgeschwindigkeit und hoher Bedienungskomfort,
- leichte Korrekturmöglichkeit,
- minimale Fehlerraten durch Prüfung nach formalen und logischen Kriterien,
- freie Programmier- und modularer Software-Aufbau,
- maximale Flexibilität, d. h. Anpassungsfähigkeit an wechselnde Organisationsformen.

Die *zweite* Tendenz entspricht der dezentralen Datenerfassung, sie wird auch oft *Primär-Datenerfassung* genannt.

Sie wird immer dann angewandt, wenn ein Sekundär-Beleg nicht mehr zwischengeschaltet wird, sondern die vorhandenen Daten Ausgangsgrundlage der Erfassung sind. Dabei kann es sich entweder um eine Datensichtstation (Bildschirm) oder um ein »intelligentes« Terminal handeln. Dieses intelligente Terminal ist in der Lage, die erfaßten Daten zwischenzuspeichern und mit hoher Übertragungsgeschwindigkeit an den zentralen Rechner zu übertragen.

Die Möglichkeit der dezentralen Datenerfassung geschieht mit

Hilfe von optisch lesbaren Belegen. Im Einsatz sind Markierungsbelege und Klarschriftbelege. Die Markierungsbelege verfügen über ein fest vorgegebenes Markierungsfeld, auf das mit einfachen Strichen (Vergleich: Lottoschein) die Daten eingetragen werden können.

Auch der Klarschriftbeleg ist vom Scheck her bekannt. Der untere Teil eines Schecks verfügt über eine optisch lesbare Schrift. Bei einem nicht ausgefüllten Text wird in das Feld »Betrag« der Überweisungsbetrag eingetragen. Mit einem speziellen Leser kann die untere Zeile dann automatisch gelesen werden und so vom Konto abgebucht und einem anderen Konto gutgeschrieben werden. Optische Leseverfahren werden in der Zukunft immer mehr eingesetzt werden, vor allen Dingen, weil es mit einfachen Schreibmaschinen möglich sein wird Belege zu schreiben und diese zu lesen. Dabei spielt die Schreibmaschinenschrift bereits heute keine Rolle mehr, das Lesegerät muß lediglich umgestellt werden, um jede beliebige Schrift lesen zu können.

Dezentralisierung der Datenausgabe

Die Datenausgabe am Ort, an dem die Daten benötigt werden, wird in der Zukunft mehr und mehr in den Vordergrund treten. Diese Ausgabe kann einmal über normale Schreibmaschinen, die an das Computer-System angeschlossen sind, erfolgen, andererseits bieten sich hier vor allen Dingen Bildschirm-Systeme an, die die in einem zentralen Rechner verarbeiteten Daten optisch ausgeben können.

Entwicklungstendenzen in der dezentralen Datenverarbeitung

Nach verschiedenen Studien, die sich mit der dezentralen Datenverarbeitung beschäftigen, kann festgestellt werden, daß die Dezentralisierung der Datenverarbeitung fortschreiten wird. Die Zahl der eingesetzten Geräte wird sich in der Zukunft bis ca. zum Jahre 1985 verdreifachen. Vor allen Dingen die Zahl der Computerverbindungen wird stark ansteigen. So haben z. B. amerikanische Banken bereits jetzt damit begonnen, zusätzlich zu ihren zentralen Computern Mini-Computer in den Filialen zu installieren, so daß dort die filialspezifischen Aufgaben selbst gelöst werden. Nur verdichtete Daten werden anschließend an die Zentrale übermittelt, die aus diesen Daten die Gesamttendenz und Entwicklung erkennen kann. Die Entwicklung zur dezentralen Datenverarbeitung wird durch den Ausbau des Fernmeldesystems unterstützt. So gibt es bereits heute internationale Netze, zu denen von jedem Punkt der Erde, wo ein Telefon vorhanden ist, zugegriffen werden kann. Das ist selbst von einer Telefonzelle oder einem Autotelefon möglich.

Nach Grochla ist eines der wichtigsten Kriterien für die Hinwendung zur Verteilung der Computer-Intelligenz in der Funktion zu suchen, dem Menschen am Arbeitsplatz wieder mehr Sachmittel in die Hand zu geben und ihm mehr Verantwortung zu übertragen.

Szyperski spricht in diesem Zusammenhang von dem magischen Dreieck, nämlich dem Dreieck zwischen Datenverarbeitung, Textverarbeitung und Nachrichtentechnologie, das sich auf die Bürotechnologien in der Zukunft entscheidend auswirken wird.

Zusammenfassend kann nach Grochla gesagt werden:

- Bei dezentraler Datenverarbeitung kommt noch stärker als bisher zum Ausdruck, daß der Computer organisationstheoretisch als Aufgabenträger bzw. Aktionsträger anzusehen ist.
- Bei der dezentralen Datenverarbeitung tritt das Gesamtentscheidungs-System Mensch–Maschine in den Hintergrund und wird auf mehrere organisatorische Sub-Systeme übertragen.

Damit wird den Vorteilen des Menschen, nämlich seiner Kreativität und seiner Eigeninitiative und den Vorteilen der Maschine, nämlich große Speicherkapazität und Bearbeitungsgeschwindigkeit, optimal Rechnung getragen.

- Der dezentrale Computer ist ein intensiver Dispositions- und Entscheidungsverstärker vor Ort.
- Die Dezentralisierung der Datenverarbeitung und damit deren Lokalisierung beim Benutzer trägt erheblich zur Verringerung der Trennung zwischen Fach- und DV-Wissen, sowie der emotiona-

len Distanz zwischen dem Benutzer und dem Computer bei, die bei der Computer-Zentralisierung üblich war.
- Dezentralisierte Verbund-Systeme verbessern die Kommunikation und damit die Koordination der Gesamtorganisation. Damit werden die zunehmenden Kommunikations- und Koordinationsprobleme aufgrund wachsender Betriebsgrößen entschärft.

Datenstationen, die vom Kunden bedient werden

Diese Datenstationen sind noch relativ neu auf dem Markt, und noch nicht jedem Unternehmer ist klar geworden, welche Chancen sich für ihn hier auftun. Vor allen Dingen folgende Punkte sprechen für die Datenstationen, die vom Kunden selbst bedient werden können:

- Rationalisierung in Bereichen mit hohen Personalkosten,
- Kunden-Service auch außerhalb der normalen Geschäftszeit,
- Weitere Ausnutzung von Computerkapazitäten durch einen größeren Personenkreis.

Diese Unattended-Terminals haben sich in den Vereinigten Staaten seit über sechs Jahren im Bankbereich bestens bewährt. Hier kann der Kunde zu jeder beliebigen Tages- und Nachtzeit von seinem Konto Beträge abheben, dabei wird selbstverständlich das Limit überprüft, er kann aber auch nur Auskünfte über seinen Kontostand abfragen oder er kann sogar Beträge einzahlen.

Diese selbst bedienbaren Terminals können selbstverständlich auch in anderen Bereichen, z. B. bei den Auskunfts-Systemen der Bundesbahn, in Auskunfts-Systemen von Hotels, bei Krankenhäusern, Börsen und im Einzelhandel eingesetzt werden.

Mit Sicherheit wird in der Zukunft eine Reihe von weiteren Anwendungsmöglichkeiten folgen. Dabei gibt es selbstverständlich auch Probleme, die in die Diskussion einbezogen werden sollten, das sind unter anderem

- das Volumen der Transaktionen (bei Banken),
- die Kontrollen des Benutzers,
- die Erziehung des Benutzers,

- die Frage, was geschieht bei Ausfallzeiten der Maschine,
- die Garantien bei Ausfall der Maschine und anderen Schädigungen des Kunden.

Datenverarbeitung außer Haus

Datenverarbeitung außer Haus bedeutet, daß die Daten, die verarbeitet werden sollen, im Haus, also am Ort des Datenanfalls erfaßt werden und anschließend mit dem Postweg an ein Rechenzentrum weitergeleitet werden. Dort stehen zur Verarbeitung Standardprogramme zur Verfügung, die von vielen anderen Anwendern ebenfalls benutzt werden und so relativ preisgünstig angeboten werden können.

Bereits bei der Datenerfassung kann durch einfache und preiswerte Erfassungsgeräte eine Kosten- und Zeitersparnis zwischen 30 und 70% erreicht werden. Mit Hilfe der Datenverarbeitung außer Haus, auf die ja bereits in verschiedenen Abschnitten dieses Buchs hingewiesen worden ist, haben vor allen Dingen mittlere und kleinere Unternehmen die Möglichkeit, ihre Daten mit relativ wenig Aufwand mit guten Programmen verarbeiten zu lassen, so daß die Ergebnisse zu einem echten Führungsinstrument werden.

Die Tendenz zur dezentralen Datenverarbeitung bzw. zur Computerleistung am Arbeitsplatz, hat es jedoch mit sich gebracht, daß die Datenverarbeitung außer Haus nicht mehr die einzige Lösung für den Mittel- bzw. Kleinbetrieb ist. Wie bereits auch in dem Abschnitt über Time-Sharing-Rechenzentren beschrieben, ist eine weitere Konkurrenz zur »*Datenverarbeitung außer Haus*« durch äußerst leistungsfähige mittelgroße und Kleincomputer entstanden. Daher führt der Trend deutlich zu einer Verringerung der Anbieter bei gleichzeitiger Vergrößerung der übrigbleibenden Rechenzentren.

Optimisten sprechen von einer friedlichen Koexistenz zwischen den Dienstleistungsrechenzentren und der mittleren Datentechnik, die als interne Datenverarbeitung, als Terminal oder als Zubringer bzw. als Datenerfassungsplatz eingesetzt werden kann.

Die Konsequenzen vor allen Dingen für kleinere Unternehmen mit 10 bis 20 Beschäftigten, z. B. für Handwerksbetriebe, sind klar und eindeutig. Im augenblicklichen Zeitpunkt sind noch keine preisgünstigeren Alternativen auf dem Markt. Das gilt vor allen Dingen dann, wenn die kleinen Betriebe moderne Managementmethoden einsetzen wollen.

Die Daten, die nur periodisch auszuwerten sind, werden Kleinbetriebe auch in den nächsten Jahren weiter an das Rechenzentrum schicken. Müssen die Daten jedoch sofort zur Verfügung stehen, dann werden Minicomputer diese Arbeit übernehmen.

4.4. Mikroprozessoren und ihr Einsatz

Der Begriff *Mikroprozessor* ist schon mehrfach in diesem Buch erwähnt worden. In diesem Kapitel soll nun ausführlich auf den Mikroprozessor, auf seine Funktionsweise und seine Einsatzmöglichkeiten hingewiesen werden.

Erst im Jahre 1948 wurde der Transistor erfunden. Die Forderungen der Raumfahrt führten jedoch dazu, daß man die Transistoren in immer kleineren Gehäusen unterbrachte, sie fest miteinander verband, und so fertige Schaltungen entstanden. Auf diese Weise konnte man immer kleinere Geräte, auch Computer, bauen, die gleichzeitig sowohl preisgünstiger, als auch leistungsfähiger waren. Aber auch diese Geräte auf Transistorbasis waren für die Weltraumforschung noch zu groß. Aus diesem Grunde wurden sog. Großintegrationen entwickelt, die auf der Basis von Siliziumplättchen (Chips) mit der Größe eines Fingernagels, bis zu 40 000 Transistoren und Verbindungsleitungen aufnehmen konnten (integrierte Schaltkreise). Verschiedene Unternehmen arbeiten bereits an Schaltkreisen, die mehr als 1 Mill. Transistoren aufnehmen können und nicht größer als 1 cm^2 sind. Mit dieser Integration von Schaltkreisen gingen jedoch drei Entwicklungen parallel, die es erst ermöglichten,

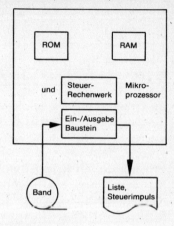

| »Normaler« Computer | Computer mit Mikroprozessor |

Merkmale:

HARDWARE: Sie ist vorgegeben. Natürlich kann zwischen verschiedenen Modellen gewählt werden.

SOFTWARE: Sie ist variabel, kann schnell ausgetauscht werden und richtet sich nach den augenblicklichen Aufgaben des Anwenders.

PERIPHERIE: Verschiedene Geräte sind anschließbar.

Merkmale:

HARDWARE: Sie ist vorgegeben. Es kann zwischen verschiedenen Computern, die Mikroprozessoren beinhalten, gewählt werden. Diese Computer heißen Mikrocomputer.

SOFTWARE: Das Anwenderprogramm ist *fest* vorgegeben für *einen* Spezialzweck. Daten können variabel eingegeben werden.

PERIPHERIE: Verschiedene Geräte sind anschließbar.

ROM: Read only memory. Festspeicher, der frei adressierbar ist. Informationen und Befehle werden *fest* eingegeben.

RAM: Random access memory. Dient zur Speicherung von Daten.

Abb. 22: Vergleich »normaler« Computer und einem Computer mit Mikroprozessor

diese Systeme auch für den kommerziellen Einsatz sinnvoll zu machen. Das sind:
- *geringer Preis*
- *extrem hohe Leistung*
- *außerordentlich geringer Platzbedarf.*

Ein derartiger Schaltkreis lohnt sich jedoch nur im kommerziellen Einsatz, wenn er für fest vorgegebene Aufgaben entwickelt worden ist. Es hat keinen Sinn, Schaltkreise für den einmaligen Einsatz in Geräten zu entwickeln. Das können sich nur bestimmte Institutionen, wie z. B. Behörden, Militärs usw., leisten. Erst wenn diese integrierten Schaltkreise in größeren Massen hergestellt werden, lohnt sich auch ihr Einsatz in Geräten des täglichen Lebens, wie z. B. Waschmaschinen, Fernsehapparate usw. Dieses Problem ist bei Taschenrechnern nicht aufgetaucht, weil hier von vornherein mit einer Massenproduktion gerechnet wurde, und so die Entwicklung von einheitlichen Schaltkreisen keine Absatzschwierigkeiten bedeutete. Das gilt auch für Quarzuhren, Zündungssteuerungen und ähnliche Systeme, die in größeren Massen hergestellt werden können.

Das Ziel mußte es also sein, ein System zu entwickeln, das klein, leistungsfähig und billig war und außerdem eine *Anpassung an* die *kundenspezifischen* Wünsche ermöglichte.

Aus diesem Grund entstand der *Mikroprozessor,* der als ein *Computer vom Fließband* zu bezeichnen ist. Sein wesentliches Merkmal ist die Programmierbarkeit. Wir funktioniert nun die Programmierung eines derartigen Mikroprozessors?

Der Hersteller eines beliebigen Gerätes bezieht einen Mikroprozessor unprogrammiert, d. h. leer.

Hat er seine spezifische Aufgabenstellung, dann kann er selbst oder vom Hersteller des Mikroprozessors dieses Programmieren vornehmen lassen. Es gibt auf dem Markt bereits eine Reihe von Firmen, die sich darauf spezialisiert haben, Mikroprozessoren für beliebige Anwendungen zu programmieren. Auf diese Weise dürfte es in den nächsten Jahren selbst für den Normalverbraucher selbstverständlich sein, mit einem Computer umzugehen. Meist wird er es jedoch nicht wissen, denn dieser Computer (Mikroprozessor) wird in

Nähmaschinen (Singer Futura), Waschmaschinen, Backöfen, Radios, Fernsehern, Plattenspielern, Heizungen, Fahrstühlen, Klimaanlagen, Raumüberwachungsanlagen, Heizungsanlagen, Feuermeldesystemen, Raumüberwachungssystemen, Alarmsystemen, Türkontaktsystemen und in vielen anderen Bereichen, bei denen eine gewisse »Intelligenz« nötig ist, eingesetzt sein.

Das Gemeinsame dieser Geräte ist der Mikroprozessor, der für die spezifischen Probleme dieses Gerätes programmiert worden ist und damit über ein fest vorgegebenes Programm verfügt. Ein Mikroprozessor der heutigen Technik kann im Gegensatz zu elektronenmechanischen Systemen, wie sie z. B. bei Waschmaschinen noch zum Teil verwirklicht sind, wesentlich mehr Schritte ausführen. Das sind z. B. ca. 200 000 bis 250 000 Befehle in einer Sekunde. Dabei wird so ein Gerät in der Zukunft sicher unter 30,- DM kosten. Bereits heute jedoch sind Systeme auf dem Markt, die ca. 50,- DM kosten und von jedem beliebigen Anwender gekauft werden können.

Auswirkungen der Mikroprozessoren auf den Menschen

Innerhalb der EG wurde bereits im Jahre 1976 eine Kommission gegründet, die die Auswirkungen des Mikroprozessors auf die Beschäftigungslage im europäischen Bereich untersuchen soll. Es ist unbestritten, daß der Mikroprozessor, ähnlich wie die Erfindung des Autos, umfangreiche technologische Auswirkungen mit sich bringen wird. So wurden z. B. im süddeutschen Raum die Fabrikationsstätten von elektromechanischen Geräten geschlossen, weil man auf mikroprozessorgesteuerte Geräte übergegangen war, und das Zusammenbauen dieser Geräte statt vielen Tagen nur noch wenige Stunden dauerte.

Sicher ist, daß durch den Einsatz von Mikroprozessoren bestimmte Umstrukturierungen geschehen müssen und geschehen sollen. Es ist nicht einzusehen, warum man Steine zum Bau eines Hauses mit der Hand tragen soll, wenn es dafür Lastwagen gibt. Es ist auch nicht einzusehen, daß elektromechanische Geräte in tagelanger Arbeit zusammengebaut werden, wenn dasselbe in kürzester Zeit geschehen kann.

Eine Studie der United Nations[1] hat festgestellt, daß volkswirtschaftlich gesehen die Computertechnik nicht etwa Arbeitskräfte freigesetzt hat, sondern im Gegenteil aufgrund der Unterstützung durch die Datenverarbeitung völlig neue Arbeitsgebiete erschlossen worden sind, an die man sich aufgrund der menschlichen Unzulänglichkeit zuvor nicht herangewagt hatte.

Volkswirtschaftlich gesehen wird die Mikroprozessortechnologie die Produktivität eines einzelnen Arbeitsplatzes und damit die Produktivität der menschlichen Arbeitskraft insgesamt wesentlich steigern und den Menschen von langweiligen, eintönigen und immer wiederkehrenden Arbeiten entlasten. Fließbandarbeit z. B. kann mit Hilfe von Mikroprozessoren und damit ohne die Hilfe des Menschen durchgeführt werden. Der Mensch kann andererseits seine Fähigkeiten auf die Kreativität verlagern. Der Schwerpunkt seines Einsatzes wird unter anderem das Programmieren, Konstruieren und das Suchen für Einsatzmöglichkeiten von Mikroprozessoren sein.

Die entscheidende Frage für den Einsatz von Mikroprozessoren ist jedoch: »Wann ist es sinnvoll, ein derartiges System einzusetzen?«

Am Beispiel des Maschinenbaus soll hier dargestellt werden, durch welche Motive ein Unternehmen dieser Branche dazu veranlaßt wird, sich intensiv mit dem Mikroprozessor auseinanderzusetzen:

- Der Mikroprozessor gewährleistet eine Trennung von Informations-, Energie- und Materialverarbeitung.
- Der Mikroprozessor ermöglicht eine erhöhte Anpassungsfähigkeit an die Forderungen des Marktes (er kann schnell umprogrammiert werden).
- Der Anwender von Mikroprozessoren wird durch intelligente Zusatzfunktionen, die zu geringen Kosten erhältlich sind, in die Lage versetzt, Wettbewerbsvorteile zu erringen.

---

[1] The application of computer technology for development, United Nations, N. Y. 1973

Mikroprozessoren ermöglichen eine bessere und schnellere Diagnostik. Das bedeutet, daß ein ausgefallener Mikroprozessor sehr schnell getestet und mit einem Handgriff ausgetauscht werden kann. Bei elektromechanischen Systemen, wie z. B. in der Waschmaschine, waren umfangreiche und teuere Tests nötig.
- Die Installation von Mikroprozessoren ist sehr einfach und kann im besten Fall in wenigen Minuten durchgeführt werden.
- Die Wartung eines Mikroprozessors ist problemlos, da in ihm keine beweglichen Teile vorhanden sind.
- Der Unternehmer, der Mikroprozessoren einsetzt, erhöht die Wertschöpfung, da er durch höhere Eigenleistung die Fähigkeiten seines Produktes selbst beeinflussen, programmieren kann.
- Der Hersteller eines Gerätes kann sich seinen Mikroprozessor programmieren lassen bzw. ihn selbst programmieren und kann auf diese Weise sein »Know how« für sich selbst behalten.

Aus diesen Ausführungen wird deutlich, daß schon heute eine Reihe von direkten und indirekten Vorteilen für den Mikroprozessor sprechen, die mit den Herstellungskosten, den Materialkosten, den Wartungskosten, den Diagnosekosten, aber auch mit der gesteigerten Zuverlässigkeit und geringeren Reparaturanfälligkeit zusammenhängen.

4.5. Die Zukunft des Computermarktes

EDV-Hersteller machen sich natürlich Gedanken über ihre Zukunft. Die folgenden Ausführungen sind teilweise aus der Broschüre »Der Computermarkt heute und morgen« von Gerd Bindels entnommen.

Die *zukünftige EDV-Entwicklung* wird von drei Komponenten beeinflußt:

Den *Benutzern* und zwar den Einzelbenutzern, Benutzergruppen und dem allgemeinen Markt, von den *Herstellern*, und zwar den rei-

Komponenten der EDV-Entwicklung

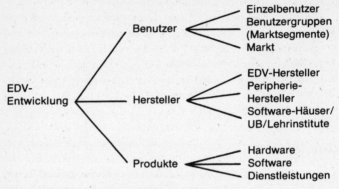

Abb. 23: Komponenten der EDV-Entwicklung

nen EDV-Herstellern, den Herstellern der peripheren Geräte, aber auch von den Produzenten der Programme, also den *Software-Häusern* bzw. den Lehrinstituten.

Die Spannungsfelder in der Vermarktung von EDV-Entwicklungen werden also von der Technologie, der Konkurrenz, dem Produktlebensdauer-Zyklus (bezogen auf die Datenverarbeitung) und den bereits installierten Systemen auf dem EDV-Markt beeinflußt. Auf diesem sind einige Tendenzen deutlich zu erkennen, die hier im einzelnen behandelt werden sollen.

Kooperation

Zuerst einmal ist eine deutliche Neigung selbständiger Unternehmen festzustellen, sich in der EDV zu *kooperieren*. Das bedeutet, verschiedene Unternehmen versuchen nicht mehr eigene Datenverarbeitungsanlagen zu besitzen, sondern ihre Daten in sogenannten EDV-pools durchzuführen. Die Konsequenz ist, daß Unternehmen selbständige Gesellschaften gründen, an denen sie beteiligt sind und mit denen sie ihre EDV-Aufgaben abwickeln. Selbstverständlich bleibt den einzelnen Unternehmen dabei die Möglichkeit, eigene Satellitenstationen in Form von mittelgroßen Computern zu unterhalten, die direkt an das zentrale System angeschlossen werden.

Die Vorteile liegen auf der Hand. Die Datenverarbeitungsanlagen können größer und leistungsfähiger werden, das Personal kann besser ausgewählt und eingesetzt werden. Es ist dabei auch die Tendenz festzustellen, daß weniger Personal benötigt wird und dieses Personal kann sich auf die anfallenden Probleme wesentlich besser spezialisieren. Zusätzlich werden Raum- und Klimatisierungskosten sowie laufende Kosten eingespart.

Time-sharing-Systeme

Eine weitere Tendenz ist in der zunehmenden Neigung zu erkennen, *Time-sharing-Systeme* mit *spezialisierten* Datenverarbeitungsanlagen zu benutzen. Zu diesem Zweck müssen die interessierten Unternehmer auf Terminals zurückgreifen, mit denen sie entweder einen Dialogverkehr, eine Stapelfernverarbeitung oder eine Anfrage-gesteuerte Verarbeitung durchführen können. Beim *Dialogverkehr* kann ein Benutzer seine eigenen Programme, jedoch auch die Programme des spezialisierten Servicebüros benutzen. Weiterhin kann er selbstverständlich auch neue Programme, die er in seinem Hause entwickelt hat, eingeben und testen. Er ist dabei stets nur solange mit der Datenverarbeitungsanlage verbunden, wie er diesen Rechner benötigt. Auf diese Weise fallen relativ geringe Kosten an, die sich im wesentlichen aus der Installation des Terminals (z. B. Bildschirmgerät, Schreibmaschine), den Übertragungskosten und den Benutzungskosten von Programmen zusammensetzen. Zusätzlich kann ein Unternehmer auf eine Reihe von speziellen Programmen zurückgreifen, die in einer Programmbibliothek, die aus vielen hundert Programmen bestehen kann, gespeichert sind. Die Tendenz ist bei der Nutzung von Time-sharing-Systemen jedoch deutlich. Es werden sich spezielle Time-sharing-Anbieter herauskristallisieren, die z. B. auf die Bereiche Landwirtschaft, Bauwesen, Herstellung von graphischen Schaubildern, Anlagebetreuung, Medienauswahl,

Strom-, Gas- und Wasserversorgung, Umweltforschung, Schule und Erziehung usw. spezialisiert sind.

Bei der *Stapelfernverarbeitung* werden die anfallenden Probleme zuerst gesammelt und dann z. B. zu Zeiten übertragen, zu denen die Daten preisgünstig verarbeitet werden können.

Die *Anfrage-gesteuerte* Arbeitsweise ist dann sinnvoll, wenn Benutzer-Terminals vorhanden sind und sofortige Übertragung und Verarbeitung in einer Datenbank gewünscht wird. So kann z. B. ein Vertreter, der seine Umsatzzahlen durchgeben möchte oder bestimmte Informationen über sein Angebot aus der Datenverarbeitungsanlage erhalten möchte, von jedem beliebigen Telefon, selbst von einer Telefonzelle aus, die Zentrale anwählen und so die neuesten Informationen durchgeben bzw. erhalten.

Das wird durch weltweite Netze unterstützt, die auch der internationalen Verflechtung von Unternehmungen entgegenkommen.

Volle Auslastung der Rechner

Eine Reihe von Unternehmungen haben ihren Rechner auf die Spitzenauslastung ausgelegt. Das bedeutet, zu Zeiten der Saison oder am Monatsende sind ihre Datenverarbeitungsanlagen gut ausgelastet. Zu anderen Zeiten jedoch sind noch Kapazitäten frei. Das Bestreben geht deutlich dahin, hauseigene Computer an one-line-Verbundnetze anzuschließen. Auf diese Weise kann der eigene Computer bei Normalbelastung gut ausgenutzt werden, zu Spitzenzeiten jedoch wird er durch ein externes Gerät entlastet. Die Vorteile, die sich dadurch ergeben, sind geringe Leerkapazitäten und wirtschaftliche Lösung von größeren Problemen mit Hilfe von Time-sharing-Computern.

Mehrere Fabrikate

Großunternehmen haben sich heute nicht nur einem EDV-Hersteller verpflichtet, sondern sie wählen bewußt auf dem Markt von verschiedenen Herstellern das Beste aus. Das bedeutet jedoch, die Zusammenarbeit zweier Fabrikate wird mit allen Nachteilen in Kauf genommen, wenn dadurch erreicht werden kann, daß z. B. eine starke Position gegenüber dem Hersteller entsteht, erhebliche Preisvorteile erreicht werden oder sogar bessere Vertragsbedingungen ausgehandelt werden können.

Entwicklung der »Hardware« heute und morgen

Bei der technischen Entwicklung der Datenverarbeitung sind eine Reihe von Aspekten zu berücksichtigen, die hier nur schwerpunktmäßig aufgezählt werden können. Es sind vor allen Dingen die folgenden Punkte:

- Terminal-System statt Trennung von Arbeitsplatz und Datenverarbeitung
- Größere Sicherheit
- Änderung des Wartungskonzeptes
- Unabhängigkeit von Umwelteinflüssen
- Besseres Preis-Leistungsverhältnis
- Verlagerung von Software-Funktion in die Hardware
- Andere und größere Speicher
- Steigende Arbeitsgeschwindigkeit
- Koexistenzfähigkeit der Hardware.

Terminal-Systeme

Im Abschnitt »Dezentrale Datenverarbeitung« wurde bereits auf dieses Problem hingewiesen. Hier sei aus dem Grunde nur noch stichwortartig die zukünftige Entwicklung genannt.

Zuerst einmal müssen die *geeigneten* Terminals für verschiedene Arbeitsgebiete entwickelt werden. Es ist nicht sinnvoll einen einheitlichen Typ im Betrieb einzusetzen, sondern verschiedene Arbeitsplätze fordern andere Tastaturen, Farbgebung auf dem Bildschirm, die Möglichkeit, den Bildschirminhalt sofort über eine Kopie auszugeben oder Zeichnungen auf dem Bildschirm darzustellen. Außerdem müssen die *Verbindungsstellen* zwischen dem Terminal und dem Leitungsnetz problemlos sein. Die Terminals sollen beweglich, eventuell sogar tragbar sein, so daß sie vom Mitarbeiter eventuell auch an einen anderen Platz transportiert werden und dort angeschlossen werden können. Wichtig ist, daß die Terminals *unempfindlich* auch gegen unsachgemäße Behandlung und fehlerhafte Bedienung sind. Selbstverständlich darf der Preis nicht zu hoch sein.

Ausfallsicherheit

In dem Abschnitt »Konzeptionen zukünftiger Systeme« wurde bereits auf einige Probleme hingewiesen. In der Zukunft wird sich ein modularer Aufbau der Systemkomponenten durchsetzen, das bedeutet, diese Komponenten sind austauschbar, erweiterungsfähig und leichter kontrollierbar. Die zukünftigen Systeme werden in der Lage sein müssen, sich selbst zu reparieren, und auch beim Zusammenbruch eines solchen Systems sollte ein automatischer Wiederanlauf möglich sein.

Wartungskonzept

Durch den bereits an anderer Stelle erwähnten Wartungsprozessor wird es möglich sein, sich selbst diagnostizierende Systeme zu entwickeln, die sich eventuell auch selbst reparieren. Ist das nicht möglich, dann sollte eine Reparatur durch einfachen Austausch von Modulen in kürzester Zeit möglich sein. In jedem Fall sollte eine Wartung auch *während* des Laufs der Datenverarbeitungsanlage gewährleistet sein.

Umwelteinflüsse

Die Empfindlichkeit der Datenverarbeitung gegenüber Umwelteinflüssen ist immer noch ein Problem. Während Minicomputer bereits relativ unempfindlich sind, müssen Großcomputer noch gegen Einwirkungen von außen geschützt werden. In der Zukunft ist die Unempfindlichkeit gegenüber Staubeinwirkung, Temperaturen, Erschütterungen und Netzschwankungen anzustreben.

Preis-Leistungsverhältnis

Ein besseres Preis-Leistungsverhältnis wird in der Zukunft durch neue Technologien vor allen Dingen im Speicherbereich, durch Kompaktbauweise und durch Standardisierung von Anschlußmöglichkeiten und Betriebsfunktionen erreicht werden. Aber auch automatisierte Fertigungsmethoden, wie sie z. B. bereits bei der Herstellung von Mikroprozessoren eingesetzt werden, sowie automatisierte Qualitätskontrollen werden dafür sorgen, daß in der Zukunft die Preise für Datenverarbeitungsanlagen sinken und damit das Preis-Leistungsverhältnis steigen wird.

Verlagerung von Software-Funktionen in die Hardware

Wie es bei den kleineren Computersystemen, Minicomputern, Tischcomputern bereits geschehen ist, werden auch bei größeren Computern die Programmiersprachen fest in den Computer verlagert werden. Auch die Umsetzung von Adressen und Codes dürfte bei einer zukünftigen Standardisierung in die Hardware übertragen werden. Vor allen Dingen aber die Ein- und Ausgabe-Funktionen, die bisher das Betriebssystem übernommen hat, werden in der Zukunft in die Hardware verlagert.

Größere Speicher, höhere Verarbeitungsgeschwindigkeit

Die virtuelle Speicherung hat seit ihrer Einführung für die Datenverarbeitung ungeahnte Möglichkeiten erschlossen. Bei der virtuellen Speicherung wurden Programm und Datenteile, die augenblicklich nicht benutzt wurden, auf eine angeschlossene Magnetplatte übertragen, so daß Programme verarbeitet werden konnten, die die *interne* Speicherkapazität überschritten.

Neue Speichermedien könnten jedoch in der Zukunft in der Lage sein, mit Milliarden von Speicherplätzen dieses Konzept abzulösen bzw. zu ergänzen. Die neuen Speichertechnologien werden steigende Verarbeitungsgeschwindigkeiten durch die Verringerung der Schaltwege mit sich bringen. Auch die Parallelverarbeitung innerhalb der Zentraleinheit dürfte die Verarbeitungsgeschwindigkeiten steigern lassen.

Neue Rechnerarchitekturen

Die Entwicklung im Computerbereich ist nicht nur auf die Verbesserung der Speichertechnik, sowohl interner als auch externer Speicher bezogen, sie ist auch nicht auf die Verkleinerung der Bauelemente und somit auf die Vergrößerung der Arbeitsgeschwindigkeit bezogen, sondern in der Computertechnik findet man auch immer neue Wege, die Architektur von Rechnern zu verbessern und damit einerseits die Rechner sicherer, andererseits aber auch schneller zu machen.

Eine Entwicklungsrichtung betrifft die Trennung der Grundbauelemente einer Datenverarbeitungsanlage. Diese Elemente bestehen aus dem Speicher, dem Rechenwerk, dem Steuerwerk, dem Ein- und Ausgabewerk.

Die meisten zukünftigen Datenverarbeitungsanlagen werden statt dieser Bauelemente Prozessoren besitzen, die unabhängig voneinander arbeiten können, d. h. eine Zentraleinheit der Zukunft verfügt über einen Speicherprozessor, einen Rechenprozessor, einen Steuerprozessor, einen Ein- und Ausgabeprozessor. Hinzu wird jedoch noch ein Wartungsprozessor kommen, der die Diagnose von Fehlern erleichtern kann. Die Prozessoren können unabhängig voneinander arbeiten und sind damit in der Lage, die Verarbeitungsgeschwindigkeit der Datenverarbeitungsanlage wesentlich zu erhöhen.

Eine andere Rechnerarchitektur ist bereits in Mini-Computern verwirklicht worden. Vor allen im technisch-wissenschaftlichen Bereich konnten Datenverarbeitungsanlagen noch nicht schnell genug arbeiten. Aus diesem Grunde wurde von einem Hersteller die oben bereits erwähnte Einteilung in Prozessoren noch weiter fortgesetzt und dazu das sog. Parallelverarbeitungsprinzip (Pipelining) verwirklicht. Es handelt sich dabei nicht nur um einen Eingabe- und einen Ausgabeprozessor, sondern um eine ganze Anzahl von Prozessoren. In dem auf dem Markt befindlichen System sind es vier

Prozessoren zur Dateneingabe, vier Prozessoren zur Verarbeitung und vier Prozessoren zur Ausgabe. Die maximale Zahl der Rechenwerke wird mit 16 angegeben. Hinzu kommt ein Organisationsprozessor, der entsprechend dem Steuerwerk früherer Rechenanlagen die Steuerung dieser vielen Prozessoren übernimmt.

Die Geschwindigkeit derartiger Rechenanlagen (Array-Prozessor-System) ist derartig groß, daß eine Reihe von Aufgaben gelöst werden können, die bisher noch nicht von Minicomputern, ja z. T. noch nicht einmal von Rechenanlagen zu bewältigen waren. U. a. sind es folgende Bereiche:

- Bildverarbeitung und Mustererkennung
- Geophysik, Seismik,
- Signalverarbeitung, Radar
  Schall und Vibrationsanalyse (z. B. für einen Motor)
- Nachrichtentechnik, digitale Filterung
- Mathematik, Operations-Research
- Biomedizin
- Röntgentechnik, Kraftwerkstechnik, Kernphysik usw.

Durch seine große Arbeitsgeschwindigkeit ist der Array-Prozessor in der Lage, auch kleine und mittelgroße Unternehmen in ihren vielfältigen Aufgaben zu unterstützen.

Co-Existenzfähigkeit der Hardware

Der Wunschtraum eines EDV-Anwenders ist die Steckerkompatibilität. Vielleicht wird sie einmal mit der Einführung von einheitlichen Anschlußstellen (Schnittstellen) im Verbundnetz Wirklichkeit. Auch die Austauschbarkeit von Programmen zwischen verschiedenen Rechnersystemen, die dem Anwender viele Sorgen abnehmen würde, könnte in der Zukunft verwirklicht werden.

»Software«-Entwicklung, heute und morgen

Die zukünftige Entwicklung in der Software ist nicht annähernd so leicht zu bestimmen, wie die der Hardware. Das liegt daran, daß die

Software wesentlich mehr vom Anwender bestimmt wird, als die Hardware, die aus dem Streben der Hersteller entsteht, immer neuere, bessere, schnellere und preisgünstigere Geräte auf den Markt zu bringen.

Betriebssysteme

Die Software wird in der Zukunft den Zusammenschluß von mehreren Computern besser und umfangreicher unterstützen. Der Datenaustausch wird vereinfacht werden, auch die Steuerung von Netzwerken z. B. bei Ausfall eines Leitungssystems muß ein anderer Weg gefunden werden, ist schon Wirklichkeit geworden. Insgesamt dürften die Betriebssysteme komfortabler und besser werden.

Sprachen

Programmiersprachen herkömmlicher Art wird es weiter geben, jedoch ist die Tendenz deutlich, Generatoren einzusetzen, wie sie sich bereits auf dem Markt befinden, die mit wenigen Angaben komplexe Aufgaben lösen können.

Anwendungs-Software

Die dem Anwender angebotene Software benutzt immer mehr das Datenbankkonzept und wird sich auch in Zukunft in dieser Richtung weiterentwickeln.

Zusammenfassend kann die Tendenz zu selbstlernenden Systemen, zur Auskunftbereitschaft für vielfältige Fragenbereiche, zur Erkennung von nicht vorgegebenen Zusammenhängen und der automatischen Erfassung von Informationen festgestellt werden. Ob das Ziel von EDV-Herstellern, nämlich eine automatische Steuerung von Betrieben und Wirtschaftszweigen zu verwirklichen ist, bleibt abzuwarten.

Datenverarbeitung nach 1980

Verschiedene internationale Institutionen haben sich über die Datenverarbeitung in der Zukunft Gedanken gemacht. Eine Institution ist die »internationale Vereinigung für das Studium der Versicherungswirtschaft in Genf«. Diese Studie kommt zu einer Reihe von Ergebnissen, die hier wiederholt werden sollen.

Die Tendenz, die Datenverarbeitung in der kaufmännischen Verwaltung, der industriellen Steuerung, der öffentlichen Hand usw. einzusetzen ist stark ansteigend. Es wird davon ausgegangen, daß in den Jahren 1985 bis 1990 die Umsätze von Datenverarbeitungsherstellern in den westlichen Ländern 6% und mehr des Bruttosozialprodukts ausmachen. Das würde die Ausgaben, die die Industrieländer für die Verteidigung nach dem heutigen Stand ausgeben, übersteigen.

Datenverarbeitung in der öffentlichen Hand

Nach 1980 werden Großstädte und Ballungsräume, in denen mehr als 250 000 Einwohner wohnen, über Umweltüberwachungssysteme auf EDV-Basis verfügen. Ab 1985 werden mehr als 50% der medizinischen Labors automatisiert sein. Diese Labors können selbstverständlich auch von den Privatärzten mitbenutzt werden.

Ab 1985 werden die meisten europäischen großen Städte über Verkehrsrechner verfügen, die die Steuerung und Kontrolle des Individualverkehrs durchführen können, so wie es in Berlin bereits mit 13 Rechnern geschieht.

Auch die Verwaltung wird in Städten mit mehr als 10 000 Einwohnern vollständig von der Datenverarbeitung übernommen worden sein. Kleinere Gemeinden werden mittelgroße und Kleincomputer einsetzen.

Die öffentliche Hand wird über ein weltweites Wettervorhersagesystem genaueste Informationen über die Wetterlage haben und zwar zwischen 5 und 14 Tage im voraus. Das betrifft auch die zusätzliche Vorauswarnung für Naturkatastrophen.

Außerdem wird es in den Ländern Europas nationale Einwohnerdatenbanken geben, aus denen für die öffentliche Verwaltung eine Reihe von Informationen entnommen werden können.

Auch an den Hochschulen wird der Computer verstärkt Einzug

nehmen. Nicht nur die Verwaltung wird über Datenverarbeitungsanlagen ablaufen, wie sie es bereits in den meisten Hochschulen tut, sondern Hochschulen werden über den computer-unterstützten Unterricht (CUU) verfügen, so daß es den Studenten ermöglicht wird, individuell nach ihren Fähigkeiten schneller oder langsamer mit diesem Gerät zu arbeiten. Außerdem kann die Kontrolle des Unterrichts bzw. des Lernerfolgs mit Hilfe von Datenverarbeitungsgeräten durchgeführt werden.

Kaufmännischer Bereich

Die Textverarbeitung wird bis zum Jahre 1980 in mindestens 30% der Unternehmen Einzug genommen haben. Es wird damit gerechnet, daß in Unternehmen, die in ihren Schreibpools über mehr als drei Beschäftigte verfügen, zu diesem Zeitpunkt die Textverarbeitung eine allgemeine Erleichterung sowohl für den Schreibenden als auch für den Diktierenden mit sich bringen wird.

Die Buchhaltung und Gehaltsabrechnung wird praktisch in *jedem* Betrieb Europas, der über mehr als 200 Beschäftigte verfügt, mit Hilfe der Datenverarbeitung abgewickelt. Das bedeutet, entweder verfügen diese Unternehmen, wenn sie nur wenig mehr als 200 Beschäftigte haben, über Buchungs- und Abrechnungscomputer, oder sie haben einen Anschluß an ein nationales oder internationales Time-Sharing-Netz, über das sie ihre Probleme in einem zentralen Computer lösen.

Die europäischen Börsen werden zu diesem Zeitpunkt, also im Jahre 1980, mit Sicherheit über Datenverarbeitungsanlagen verfügen mit deren Hilfe Kursnotizen *sofort* durchgeführt werden können. Dazu ist ein real-time-System notwendig, das in der Lage ist, anfallende Daten sofort zu verarbeiten und z. B. auf der Anzeigetafel sichtbar zu machen. So könnte es durchaus sein, daß die Börsenmakler gar nicht mehr in der Börse anwesend sind, sondern daß sie über einen Bildschirm die Kursnotizen abfragen und über Tastatur ihre Nachfrage bzw. ihr Angebot direkt in den zentralen Rechner der Börse geben, wo die Daten verarbeitet und sichtbar gemacht werden. Auch *Einzelhandelsunternehmen* müssen umdenken. Im Jahre 1985 werden Registrierkassen alter mechanischer Bauart nur noch im Museum zu sehen sein. Bis zu diesem Zeitpunkt hat sich die elektronische Registrierkasse selbst in kleinsten Läden durchgesetzt. Die Preise werden für einfache Systeme weit unter 2000 DM liegen, die Registrierkassen werden programmierbar sein und mit Speicherungsmöglichkeiten für die Umsätze des Tages ausgerüstet sein. Mit ziemlicher Sicherheit dürften diese Speicherungsmedien kleine austauschbare Magnetplatten sein, die auch in der Lage sind, die monatlichen Umsätze zu speichern. Auf diese Weise ist selbst das kleinste Einzelhandelsunternehmen in der Lage, die Warenbewegungen zu kontrollieren. Anders dürfte die Entwicklung bei Einzelhandelsunternehmen sein, die über mehr als 10 Verkaufsstellen verfügen. Hier werden auch POS-Terminals (Point of sell-Registrierkassen) eingesetzt sein. Diese Registrierkassen sind jedoch one-line (direkt über Verbindungsleitung an den Computer) angeschlossen und ermöglichen so eine computer-gestützte Lagerverwaltung und ein automatisches Bestellwesen für die Waren.

Bis 1985 rechnet man damit, daß 75–80% der *Transaktionen* zwischen Betrieben und Banken mit Hilfe der Datenverarbeitung abgewickelt werden. Auch Banken untereinander werden den Datenträgeraustausch verstärken bzw. über einen zentralen Clearing-Computer ihre Überweisungen ausgleichen.

Auch im *Marketing-Bereich* wird es sicher über 100 Großunternehmen geben, die mit Hilfe von Real-time-Marketingsystemen auf Datenbankbasis ihre Prognosen erstellen. Das bedeutet, sie werden nicht mehr so stark wie bisher auf Marktforschungsgesellschaften angewiesen sein, sondern ihre eigenen Marktprognosen erstellen, die Verteilungskosten kontrollieren und auch die Verkaufsverwaltung erledigen.

Zwischen 30 und 40% aller *Industriebetriebe*, bei denen Zusammenbau- und Montagegänge vorherrschen, werden über ein automatisches Planungssystem und über eine detaillierte Fertigungssteuerung verfügen.

Die Fertigungssteuerung wird auch für kleine Unternehmen mit mittelgroßen Computern möglich sein. Planungssysteme werden jedoch erst wesentlich später für kleine Unternehmen in ihrem Einsatz sinnvoll werden.

Industrielle Prozeßsteuerung

Erdölraffinerien werden ab 1981 zu 100% über Prozeßrechner verfügen, die die Raffinerien vollständig steuern.

Die Pharmaproduktion wird mit Hilfe der Datenverarbeitung eine automatisierte Qualitätsüberwachung einsetzen.

Ab 1985 werden fast 80% der Betriebe in der chemischen Industrie Systeme zur Prozeßsteuerung und Qualitätsüberwachung besitzen.

Auch der Öl- und Gastransport durch Pipelines wird zu mindestens 80% von Real-time-Systemen gesteuert sein.

25–30% der Nahrungsmittelbetriebe dürfte ab 1985 computerunterstützte Verfahren zur Qualitätskontrolle und –sicherung einsetzen.

Diese Zahlen steigen bis zum Jahre 1990 noch an. Weitere Einsatzbereiche der Datenverarbeitung werden unter anderem sein:

- Automatische Zeitungsherstellung,
- Entwicklung von Produkten mit Hilfe von Datenverarbeitungsanlagen,
- Einführung automatisierter Systeme zur Luftverkehrskontrolle,
- Dokumentationssysteme, die Auskünfte in natürlicher Sprache erteilen, wie z. B. Zugauskünfte, Reiseauskünfte, aber auch Auskünfte über die Kontostände bei Banken,
- Die computer-unterstützte Diagnose wird ebenfalls ab 1990 eine Selbstverständlichkeit sein, auch über das Telefon dürften Patienten sich eine zuverlässige Diagnose geben lassen können,
- Medizinische Überwachungssysteme werden zu diesem Zeitpunkt in den meisten größeren Krankenhäusern eingesetzt sein.

Fachleute können bei einer Reihe von Untersuchungsbereichen jedoch nicht zu einer klaren Prognose kommen. Grundsätzlich ist man jedoch der Meinung, daß die Datenverarbeitung sich in der Zukunft noch mehr in allen Bereichen des öffentlichen Lebens bis hinein in die private Sphäre durchsetzen wird.

In den Vereinigten Staaten verfügen bereits mehrere Tausend Privatpersonen über eigene Minicomputersysteme auf Mikroprozessor-Basis. Auch vor Haushaltsgeräten wird der Computer keinen Halt machen. Es gibt nach der Untersuchung der »Internationalen Vereinigung für das Studium der Versicherungswirtschaft« eine Anzahl Punkte, die *für* und *gegen* den steigenden Einsatz der Datenverarbeitung sprechen.

Gegen den Einsatz der Datenverarbeitung sprechen u. a. folgende Punkte:

- Negative Meinung über die Datenverarbeitung und ihre Auswirkungen in der Öffentlichkeit. Hier sei vor allem die Erfassung der persönlichen Daten von Mitbürgern in kommunalen Datenbanksystemen angesprochen.
- Stärkere Mitbestimmung der Arbeitnehmer und der Gewerkschaften in den Betrieben,
- Probleme bei der Ausbildung zum Verständnis der Datenverarbeitung,
- Die Verringerung der Ausgaben für Raumfahrt und militärischen Bereich wird den Trend zur Miniaturisierung in der Datenverarbeitung abbremsen.
- Die Versicherungspflicht gegen Schäden, die durch EDV verursacht werden, dürften Unternehmen daran hindern, weitere Bereiche auf die Datenverarbeitung zu übertragen
- Europäische Maßnahmen gegen nicht-europäische Datenverarbeitungshersteller können ebenfalls die steigende Tendenz zum Einsatz der Datenverarbeitung behindern
- Weitere Punkte sind wirtschaftliche Rezessionen, staatliche Reglementierungen der Datenverarbeitung, aber auch Änderungen im Lebensstil der Bürger.

Für den steigenden Einsatz der Datenverarbeitung sprechen u. a. folgende Punkte:

- Weitere Tendenz zur Rationalisierung durch steigende Löhne und Gehälter,
- Europäische Integration,
- Notwendigkeit der Ausweitung des staatlichen EDV-Einsatzes
- Konzentration von Unternehmungen
- Sinkende Preise der Datenverarbeitungsanlagen
- Bessere und umfangreichere Programme
- größeres Verständnis für den Einsatz der Datenverarbeitung
- Entwicklung neuer Anwendungsbereiche für die Datenverarbeitung.

5. Einzelne wichtige Entwicklungen der Organisationen

Bei der Betrachtung der Einzelentwicklungen und Trends ist wiederum die Trennung in Unternehmungs- und Betriebsorganisation wichtig.

5.1 Die Veränderungen der Unternehmungsorganisation

Die wachsenden Probleme der Unternehmensstruktur werden durch neue Modelle zu lösen versucht. Beispiele dafür sind die Matrix-Organisation, die teamorientierten Strukturformen, das Functional-Teamwork-Konzept und die Divisionalisierte Organisation. Besonders die Matrix-Organisation wird gegenwärtig viel diskutiert.

Auf der anderen Seite wird eine *Dezentralisierung* der Betriebe in überschaubare Einheiten angestrebt mit Beschäftigtenzahlen von 1000 bis maximal 2500 Mitarbeitern.

5.2. Die Menschenführung

Auf der Human-Relations-Bewegung aufbauend, werden Verantwortungen delegiert. Die neuen Führungsmethoden und -techniken

Veränderung der Führungs- und Arbeitsstrukturen

Unternehmen:	Betrieb:	Arbeitsplatz:
Veränderung der Unternehmensstruktur und neue Formen der Menschenführung	Veränderung der Arbeitsorganisation in Verwaltung und Fertigung, Materialwirtschaft und Finanzwesen	Menschengerechte Gestaltung des Arbeitsplatzes und der Arbeitsaufgaben

Abb. 24: Veränderung der Führungs- und Arbeitsstruktur

verändern den Führungsstil. Aus diesem Grunde wurde eine Vielzahl von *Management-Techniken* entwickelt. Es ist dabei allerdings zu bemerken, daß die ursprüngliche Euphorie, mit diesen Techniken nahezu alle Probleme zu lösen, in der Zwischenzeit einer mehr nüchternen Betrachtungsweise Platz gemacht hat.

Die Entlastung der Menschen durch die Technik ermöglicht die *Arbeitsstrukturierung* als Verbesserung der Arbeitsbedingungen und zur Neugestaltung der Arbeitsaufgaben. Dieser Begriff enthält einmal die *Arbeitsgestaltung*, d. h. die ergonomische Gestaltung von Arbeitsplatz, -ablauf und -umwelt, zum anderen die verbesserte Betrachtung des *Arbeitsinhaltes*. Dabei werden die neuesten Erkenntnisse von Psychologen, Personalwissenschaftlern, Arbeitswissenschaftlern und Soziologen über das Verhalten und die Bedürfnisse der Menschen einbezogen. Diese Betrachtungsweise wirkt nicht nur auf die Betriebsorganisation, sondern verändert auch die Unternehmungsorganisation sehr stark.

Folgende Entwicklungen sind hier besonders wichtig:

a) Der Übergang von der Fließband- zur Gruppenarbeit und den daraus resultierenden Führungsproblemen.
b) Unternehmungen versuchen durch *Zusammenlegen* (=Verkürzen) *der Ebenen* eine Verkürzung der Führungsstruktur zu erreichen. Beispiel: Philipps. Sie delegieren Verantwortung und Entscheidungsbefugnis auf die unteren Ebenen, die sie in autonome Gruppen untergliedern.

c) Es wird versucht, *neue Arbeitsinhalte*, eine neue Arbeitsmotivation zu schaffen (= *Job content*). Frederick Herzberg unterscheidet:
   - motivationsfördernde, d. h. von der Arbeitszufriedenheit abhängige Gesichtspunkte wie:
     - Erfolg,
     - Anerkennung des Erfolges,
     - die Arbeit als solche,
     - das Wachstum und die Beförderung
   - Motivationshemmende, d. h. mit der Unzufriedenheit verbundene Gesichtspunkte wie
     - die Unternehmenspolitik
     - die Unternehmensdirektiven
     - die Überwachung
     - die zwischenmenschlichen Beziehungen
     (= informelle Organisation)
     - die Arbeitsbedingungen
     - das Entgelt
     - der Status
     - die Sicherheit usw.
d) Es wird bewußt versucht, *informelle* Organisationen zu schaffen, Beispiel: Betriebssport, Kegelclubs usw., um positive Einflüsse auf die Mitarbeiter auszuüben, oder negative Tendenzen in Erfahrung zu bringen.

5.3. Die Betriebsorganisation

Bei der Betriebsorganisation sieht man die Veränderungen der Arbeitswelt. Alle Maßnahmen, die im Bereich der Unternehmungsorganisation betrachtet wurden, spiegeln sich hier bei der Arbeitsorganisation wieder. Da aber auch völlig neue Wege bei der Organisation im betrieblichen Bereich beschritten werden, muß eine gegenseitige Beeinflussung unterstellt werden.

Es wurde hierzu der Begriff der »*Arbeitsstrukturierung*« geprägt. Es handelt sich dabei um das Bestreben einer menschengerechten Gestaltung von Arbeitsplatz, Arbeitsablauf und Arbeitsumwelt sowie der individuellen Arbeitsaufgabe und der Arbeitssysteme unter soziotechnischen und wirtschaftlich-organisatorischen Gesichtspunkten. Das bedeutet, daß die Arbeitssituation, die Arbeitsbedingungen und die Arbeitsorganisation so gestaltet werden, daß die menschlichen Fähigkeiten und Bedürfnisse berücksichtigt werden und die Wirtschaftlichkeit des Unternehmens gesteigert oder wenigstens erhalten wird.

Die Zahl der Versuche in dieser Richtung sind so zahlreich und vielseitig, daß nur Grundlinien genannt werden können.

Die Arbeitsorganisation

Es sind vor allem Versuche im Gange, den Handlungsspielraum des einzelnen Mitarbeiters zu erweitern. Das kann horizontal oder vertikal geschehen.

Job Rotation	= Arbeitswechsel in einer Gruppe, z. B. durch rotierenden Arbeitsplatzwechsel, auch weit über die Gruppe hinaus in andere Bereiche	= horizontal, d. h. über die Arbeitsgestaltung sollen größere Tätigkeitsspielräume eröffnet werden
Job Enlargement	= Aufgabenerweiterung = Arbeitserweiterung	
Job Enrichment	= Arbeitsbereicherung = Zusammenfügen mehrerer strukturell verschiedenartiger Arbeitselemente (Planungs-, Fertigungs-, Kontrollauf-	= vertikal, d. h. zielt auf erweiterte Entscheidungs- und Kontrollspielräume ab, über die Arbeitsorganisation

		gaben) zu einer größeren Handlungseinheit mit bereichertem Arbeitsinhalt
Gruppen-	=	Gruppenautonomie
bildung	=	mehr und größere Verantwortung des einzelnen und der Gruppe
Job Design	=	Berufsfeldgestaltung

Die bisher durchgeführten Versuche einer Neuentwicklung finden sich fast ausschließlich im Fertigungsbereich, ganz selten in den Verwaltungen von Betrieben und Behörden. Im betrieblichen Bereich und in der Verwaltung sind folgende Ansatzpunkte festzustellen:

Abb. 25: Ansatzpunkte für neue Formen der Arbeitsorganisation

Ein Überblick über entsprechende Möglichkeiten ist im Abschnitt »Neue Entwicklungen im Bereich der Fertigung« aufgezeigt worden.

Die Humanisierung am Arbeitsplatz

Unter menschengerechter Arbeitsgestaltung versteht man die Anwendung der Erkenntnisse der Arbeitswissenschaft bei der Arbeitsgestaltung. Die Literatur zu diesem Thema ist sehr umfangreich geworden. Folgende Ziele können als menschengerechte Arbeitsgestaltung festgestellt werden:

- Individueller Gesundheitsschutz,
- Vermeiden von arbeitsbedingten Erkrankungen und Verletzungen,
- Abbau von Überforderung und Ausgleich von Unterforderung,
- Wohlbefinden schaffen,
- Soziale Angemessenheit,
- Einsatz des technischen Entwicklungsstandes,
- Förderung der zwischenmenschlichen Beziehungen.
- Teilnahme der Arbeitenden bei der Gestaltung ihrer Arbeitsplätze.
- Technisch-wirtschaftliche Rationalität,
- Steigerung der Leistungsfähigkeit,
- wirtschaftlicher Einsatz des Menschen, (nach Denkschrift der Gesellschaft für Arbeitswissenschaft (GfA), e. V. Dortmund, März 1972)

Bei der Gestaltung von Arbeitssystemen sollen die Erkenntnisse der Ergonomie verwertet werden. Man spricht hier von der Anpassung der Arbeit an den Menschen. Bei der sozialen Arbeitsgestaltung wird die Anpassung des Menschen an die Arbeit und die Arbeitsstrukturierung berücksichtigt.

5.4. Die Managementtechniken

Den modernen Managementtechniken liegt das Bestreben zugrunde, durch eine systematische Ordnung von Verhaltens- und

Verfahrensweisen die kreative und leitende Leistungsfähigkeit der im Unternehmen beschäftigten Kräfte zu optimieren. Die Managementsysteme beschäftigen sich primär mit den Befugnis- und Aufgabenverhältnissen im gesamten Leitungssystem und sekundär mit den Eigenschaften des Leitungsprozesses.

Die Teilprozesse des Managements sind:

- Das Setzen von Zielen und Prioritäten,
- Das Erkennen von Problemen und die Initiative zur Problemlösung,
- Planung und Entscheidung von Handlungsprogrammen,
- Die Durchsetzung der Entscheidung,
- Die Koordination, Steuerung und Kontrolle der betrieblichen Prozesse.

Das Management bzw. seine Funktionen bedeuten »Führung«. Es kann auch von dem vierten Produktionsfaktor »Dispositive Arbeit« gesprochen werden. Dies geschieht in einem kybernetischen Prozeß der Selbstregelung im Gesamtsystem. Dieser kybernetische Regelkreis reicht von der Zielsetzung und Planung über die Entscheidung und Durchsetzung bis zur Kontrolle.

Die wichtigsten Managementtechniken bezwecken über rationelle Faktoren eine Leistungssteigerung der Mitarbeiter, eine größere Wirksamkeit des dispositiven Faktors, die Anpassung des Unternehmensgeschehens an zukünftige Entwicklungen. Dies soll durch verschiedene Mittel und Wege erreicht werden, denen aber ein gemeinsames Konzept zugrundeliegt. Das Top-Management soll durch Delegation von Verantwortung und Teilentscheidungen entlastet werden, die Unternehmensziele werden klar definiert, und zwar so, daß sich alle Mitarbeiter mit ihnen identifizieren können. In allen Unternehmensbereichen werden detaillierte Leistungskontrollen eingeführt. In der Praxis wird keine der Techniken allein angewandt. Meistens liegt ein Gemisch von zwei oder drei Formen vor.

1. *Management by Exception:* Die Routineaufgaben werden auf die Mitarbeiter delegiert. Der Vorgesetzte behält sich grundsätzliche

Entscheidungen vor. Grundvoraussetzung für die Funktionsfähigkeit dieser Technik ist die Schaffung von Standards für alle Leistungen des Unternehmensgeschehens sowie die Festlegung von Toleranzen für ein evtl. Eingreifen des Managers.

2. *Management by Delegation:* Die Delegation von Verantwortung will ebenfalls eine Entlastung des Managements erreichen. Dabei überträgt dieses möglichst viele Aufgaben auf eine tiefere Stufe der Unternehmenshierarchie. Es sollen die Initiativen der Mitarbeiter angeregt werden, wobei diese jedoch einer ständigen Kontrolle unterliegen (Harzburger Modell).

3. *Management by Systems:* Ausgehend von der Tatsache, daß die Verwaltungstätigkeiten immer mehr zunehmen, wird eine systematische Vereinfachung und bessere Koordinierung dieser Aufgaben angestrebt. Durch die Einführung eines umfassenden Führungssystems, welches insbesondere durch die EDV ermöglicht wird, sollen die routinemäßig wiederkehrenden Tätigkeiten standardisiert und damit ihre Verarbeitung erleichtert und beschleunigt werden.

4. *Managerial Breakthrough-Theorie:* Die offensive Führungstaktik verlangt eine ständige Verbesserung der betrieblichen Planungs- und Kontrollinstrumente. Die Unternehmungsleitung richtet sich in ihrer Tätigkeit nach festen Zielen, die mit allen Mitteln erreicht werden müssen.

5. *Management by Objectives:* (Führung durch Zielvorgabe) Das Gesamtziel des Unternehmens wird in Subziele (Unterziele) unterteilt. Durch eine klare Festlegung wird den Mitarbeitern das Erfassen und Durchsetzen der ihnen im Rahmen der Gesamtzielsetzung auferlegten Einzelaufgaben erleichtert. Die Leistung des Vorgesetzten im Hinblick auf die Zielerfüllung soll Vorbild und Motivation für alle Untergebenen sein.

6. *Management by Results:* Die Ergebnisvorgabe bei dezentraler Führungsorganisation will die Managementleistung allein am Erfolg messen. Nicht Problemlösungen, sondern meßbare Erfolge sollen ausschlaggebend sein.

Als Führungsgrundsätze werden noch gebraucht:

1. *Management by Control and Direction:* Es handelt sich hier um den autoritären Führungsstil, bei welchem der Vorgesetzte die Arbeit verteilt und ihre Ausführung überwacht.
2. *Management by Communication and Participation:* Der Vorgesetzte befragt die Mitarbeiter, bevor er eine Entscheidung trifft.
3. *Management by Alternatives:* Jedes Ziel kann auf verschiedene Weise erreicht werden. Diese werden aufgezeigt und die Entscheidung erfolgt aufgrund des Vergleiches.
4. *Management by Motivation:* Die Lehren der Verhaltensforschung werden in bezug auf die Mitarbeiter herangezogen.
5. *Management by Decisions Rules:* Dem Mitarbeiter werden Regeln, Entscheidungshilfen, Hinweise für sein Verhalten in bestimmten Situationen gegeben.

Die »Wirtschaftswoche« veröffentlichte am 11.6.76 das Ergebnis einer Studie von David C. McClelland, Professor für Psychologie an der Harvard University. Der Amerikaner fand heraus, daß der Erfolg des Managers mit dem intensiven Wunsch nach Macht und Einfluß und dem Verlangen, andere zu beeinflussen, kommt.

Der autoritäre Manager ist der bessere, obwohl Betriebspsychologen immer wieder dozieren: »Weg vom autoritären Management!«

McClelland beobachtete und untersuchte die Abteilungsleiter in 49 Unternehmen. Dabei stellten sich zwei Managertypen heraus: Der machtorientierte und der gesellige.

Bei der Analyse einzelner Abteilungen, die er nach ihren Erfolgen in überdurchschnittliche und unterdurchschnittliche einteilte, fand der Wissenschaftler heraus: Überdurchschnittlich erfolgreiche Abteilungen hatten zu 80% machtorientierte Chefs, bei unterdurchschnittlichen Abteilungen hatten geselligkeitsorientierte Führungskräfte das Sagen (90%).

Die enge Verbindung zwischen Persönlichkeit des Chefs und dem Erfolg einer Abteilung wird folgendermaßen erklärt: Der geselligkeitsorientierte will gefallen, sucht persönlichen Kontakt, möchte mit jedem gut auskommen, sorgt sich mehr um den einzelnen Untergebenen als um die Gruppe insgesamt. Er macht deshalb für einzelne Ausnahmen, entfremdet sich dabei von den anderen. Die Folge: Regeln, die für alle gelten, wie Gerechtigkeit und Fairneß, sind nicht mehr glaubhaft. Seine Inkonsequenz führt zum Gefühl der Machtlosigkeit bei den Untergebenen.

Die machtorientierten Manager müssen nach den Erkenntnissen McClellands in zwei Gruppen eingeteilt werden:

- Die auf persönliche Macht orientierten und diejenigen,
- die auf Macht für die Institution bedacht sind.

Der Chef, der nach persönlicher Macht strebt, will alles unter seine Kontrolle bekommen. Er ist impulsiv, grob, streitsüchtig und ein Sexualprotz. Er will die Verantwortung in einer Institution und nicht für diese. Es gelingt ihm zwar, Mannschaftsgeist zu erzeugen, doch er versagt bei der Aufgabe, organisatorische Abläufe zu schaffen. Er schwört die Mitarbeiter auf sich und nicht auf die Firma ein. Wenn er das Unternehmen verläßt, dann bricht die Abteilung zusammen. Seine Mitarbeiter sind ihm gegenüber loyal, aber nicht gegenüber der Firma oder der Sache.

Ein Chef, der nach Macht für seine Institution strebt, haßt jeden Wirbel um seine Person. Orientierungspunkt seines Handelns ist das Ansehen der Abteilung.

In der gleichen Untersuchung wurde weiter festgestellt, daß deutsche Manager viel weniger nach persönlicher Macht streben als amerikanische. Der erfolgreiche Deutsche ist der korrekte Sachwalter seiner Firma. Ihm gelingt es besser, ein für den Fortgang der Arbeit günstigeres Arbeitsklima zu schaffen. Seine Mitarbeiter sind loyal, kennen die Regeln, verstehen Arbeitsabläufe und fühlen sich der Firma aufgrund seines Verständnisses verpflichtet.

McClellands Schlußfolgerung: *Der machtorientierte Manager, ob nach persönlichem oder institutionellem Einfluß strebend, ist der bessere, wenn es um die Effizienz von Abteilungen oder Unternehmen geht, auch wenn Betriebspsychologen bei dem Gedanken die Haare zu Berge stehen.*

5.5. Die wichtigsten Veränderungen in den Organisationen

In vielen Unternehmungen hat sich, aufgrund gezielter Untersuchungen, in der Führungsspitze die Erkenntnis durchgesetzt, daß die letzten Jahrzehnte mit dem starken Wachstum den Blick getrübt haben für Entwicklungen, die Ursachen großer Probleme sind.

1. Die *Zentralisation* der Produktion in Mammutbetrieben (VW in Wolfsburg, FIAT in Turin, Renault in Paris)
2. Die Veränderung der *Unternehmensstruktur*, die dem Hineinwachsen in weltweite Dimensionen nicht gefolgt ist.
3. Die Änderungen der *Sozialstruktur* vieler Unternehmen aufgrund des starken Wachstums der Zahl der Mitarbeiter.
4. Die *Führungssysteme* der Unternehmen sind nicht in der Lage, bei den vielen verschiedenartig strukturierten Betrieben ihre Aufgabe zu erfüllen, da sie den auftretenden Fragen viel zu schwerfällig und daher oft hilflos gegenüberstehen. Die Beobachtungen können in Form von technischen (z. B. Beweglichkeit der Fertigung), wirtschaftlichen (z. B. Flexibilität bei Marktanpassungen) und sozialen Problemen (z. B. Fluktuation und Abwesenheit vom Arbeitsplatz) gemacht werden.

Diesen Entwicklungen wird heute gegengesteuert durch:

1. *Dezentralisation*, d. h. Veränderung der Unternehmensstruktur durch Neubau kleiner Betriebe, Verselbständigung von Abteilungen und Werkstätten innerhalb der Betriebe, Schaffen von eigenverantwortlichen Einheiten.
Damit verbunden ist die Neuordnung bestimmter Aufgaben zwischen Stab und Linie, die Delegation von Entscheidungsbefugnissen in nachgeordnete Stufen in der Hierarchie bis zur Bildung von teilautonomen Gruppen.
2. Die Unternehmungsgröße erfordert eine andere *Führungsphilosophie*. Neue Führungsmethoden und -techniken wurden ent-

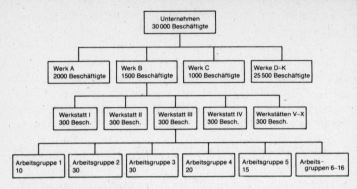

Abb. 26: Dezentralisation

wickelt und sind weiter zu entwickeln und damit ein neuer Führungsstil. Die Delegation von Führungs- und Entscheidungsbefugnissen und damit verbunden die Verlagerung von Verantwortung innerhalb der Betriebs- und Unternehmungshierarchie. Hier wird das Management by Delegation (= Delegation von Verantwortung) und das Management by Objectives (= Führung durch Zielvorgabe) bevorzugt.

3. Die von unten her entstehenden Arbeits- und Verantwortungsstrukturen bedeuten, daß die Mitarbeiter eine andere *Einstellung zum Unternehmen* gewinnen. Sei es bedingt durch die gesetzlichen Maßnahmen zur Mitbestimmung und Mitwirkung oder durch die betrieblichen Änderungen der Arbeitsorganisation. Auf lange Sicht bedeutet dies eine verstärkte Identifizierung mit dem Unternehmen. Das Gefühl, zum Betrieb resp. zum Unternehmen zu gehören, kehrt wieder zurück. Damit wird der Auflösung der sozialen Strukturen entgegengewirkt.

5.6. Die besondere Problematik im Bürobereich

Im Produktionsbereich sind in den letzten Jahrzehnten entscheidende Produktivitätsfortschritte zu verzeichnen gewesen. Eine der Ursachen war die Einstellung der Techniker zum Begriff der Leistung. Während man im technischen Bereich nach Mengeneinheiten mißt und sich auch mit weniger Mitarbeitern zufriedengibt, wenn nur die Leistung gleichbleibt oder sogar noch steigt, ist dies im Bürobereich anders. Da Büroarbeit nach Meinung vieler Menschen nicht meßbar ist und oft stillschweigend unterstellt wird, daß alle Angestellten die »volle« Leistung erbringen, wurde Büroarbeit bisher nach der Zahl der Mitarbeiter gemessen. Je mehr Angestellte einem Abteilungsleiter unterstanden, um so bedeutender war sein Anteil an der Betriebsleistung bemessen worden. Diese Einstellung beginnt sich zu ändern, obwohl hier Prestigegründe stark hereinspielen. Hier vollzieht sich langsam und unbemerkt ein Wandel, so daß anzunehmen ist, daß in wenigen Jahren Zeitstudien auch im Büro alltäglich sein werden. Im Fertigungsbereich bringen Rationalisierungsmaßnahmen in vielen Fällen nur noch geringe Ertragssteigerungen. Da der Kostendruck aber enorm geworden ist, mußte wohl oder übel auch die Rationalisierung im Verwaltungsbereich begonnen werden. Dabei darf nicht nur an die Einführung der EDV gedacht werden. Auf fünf Gebieten: der Textverarbeitung, der Informations- und Kommunikationstechnik, bei den rechnenden Geräten, der Speicherung von Daten, aber auch der Gestaltung von Arbeitsplatz und Arbeitsraum, werden sich in Zukunft wesentliche Veränderungen ergeben, bzw. werden Ansatzpunkte für Neuentwicklungen innerhalb der Betriebswirtschaften liegen.
Interessant ist, daß im Bürobereich ein Job Enrichment so gut wie nicht bekannt ist.

Zu bedenken ist auch, daß viele an sich technisch ausgebildete Mitarbeiter kaufmännische Tätigkeiten ausführen, z. B. in der Kalkulation, im Einkauf usw.

Eine Umwandlung der Arbeit an den Maschinen in Kontrollauf-

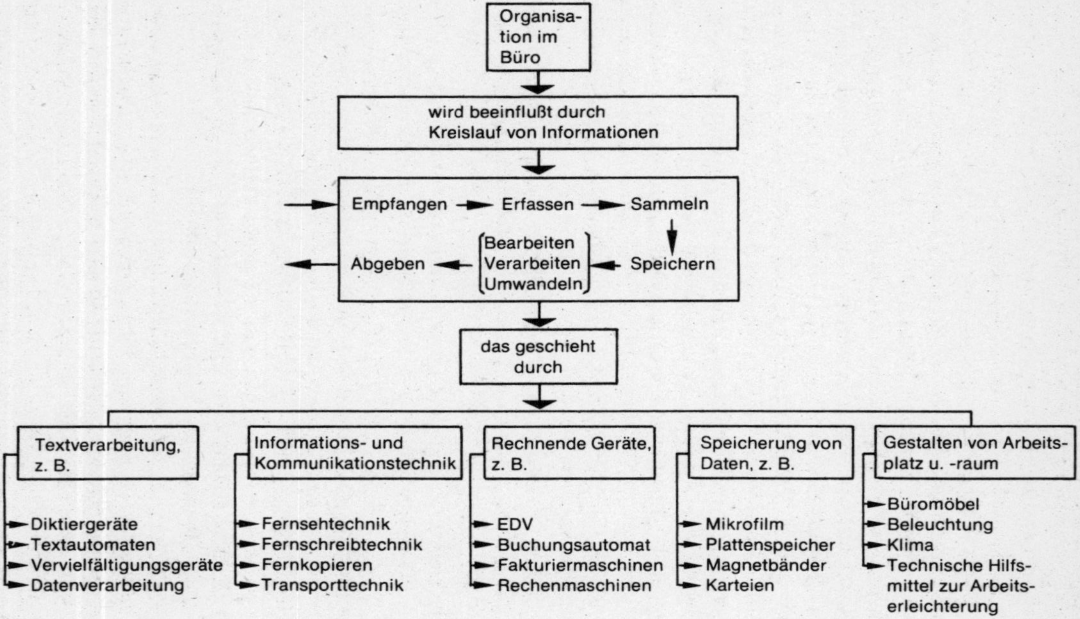

```
                    ┌─────────────────────────────────────┐
┌──────────┐        │  Empfangen → Erfassen → Sammeln     │
│Organisa- │        │                           ↓         │
│tion im   │ ──→ wird beeinflußt durch    Speichern       │ ──→ das geschieht durch
│Büro      │     Kreislauf von Informationen  ↓           │
└──────────┘        │        (Bearbeiten                  │
                    │         Verarbeiten)                │
                    │         Umwandeln                   │
                    │                           ↓         │
                    │  Abgeben  ←                         │
                    └─────────────────────────────────────┘
```

Textverarbeitung, z. B.	Informations- und Kommunikationstechnik	Rechnende Geräte, z. B.	Speicherung von Daten, z. B.	Gestalten von Arbeitsplatz u. -raum
Diktiergeräte	Fernsehtechnik	EDV	Mikrofilm	Büromöbel
Textautomaten	Fernschreibtechnik	Buchungsautomat	Plattenspeicher	Beleuchtung
Vervielfältigungsgeräte	Fernkopieren	Fakturiermaschinen	Magnetbänder	Klima
Datenverarbeitung	Transporttechnik	Rechenmaschinen	Karteien	Technische Hilfsmittel zur Arbeitserleichterung

Abb. 27: Die Organisation im Büro

gaben an diesen ist nicht Büroarbeit im eigentlichen Sinne. Büroarbeiten fallen im Verwaltungsbereich, aber auch in der Fertigung an und es hat hier eine heimliche Umwandlung oder Umschulung der Berufsbilder stattgefunden. Dabei waren und mußten die technischen Berufe anpassungsfähiger sein als die kaufmännischen, die ja nicht so sehr von Freisetzungen durch Rationalisierungsmaßnahmen betroffen waren. Diese Behauptung läßt sich mit einem Blick auf die Ausbildung an Schulen, Hochschulen, aber auch von Praktikern, z. B. bei Meisterprüfungen, nachweisen. Es gibt bei kaufmännischen Berufen kaum Vorlesungen, Unterrichtsstunden oder Prüfungen über technische Fragen, während umgekehrt die Techniker sich sehr ausführlich mit kaufmännischen Problemen, z. B. Buchführung, Kostenrechnung, Personalwesen usw., befassen.

Die Zunahme der Produktivität im Fertigungsbereich und der damit verbundene Abbau von Arbeitskräften wurde ausgeglichen
- durch die Abwanderung der Arbeitnehmer in den Dienstleistungsbereich
- und durch Übernahme von Arbeiten, die eigentlich dem kaufmännischen Sektor zuzurechnen waren z. B. Kalkulation, Einkauf.

Eine weitere Entwicklung ist außerdem zu beobachten:

Der Produktionsfaktor Arbeit kann in einen ausführenden und einen kreativen Anteil aufgeteilt werden. Es ist zu unterstellen, daß der körperliche Anteil der Arbeit nicht mehr wesentlich gesteigert werden kann. Gründe dafür sind die Anwendung der REFA-Methodenlehre und die Beteiligung der Gewerkschaften und Betriebsräte an der Zeitfestsetzung, sowie die Festlegungen aufgrund gesetzlicher Bestimmungen, die eine Ausnutzung der menschlichen Arbeitskraft verbieten.

Heute findet zum Teil eine Ausbeutung der geistigen Arbeit statt.

Es gibt genügend Beispiele, die Amerikaner sind uns hierbei ein schlechtes Vorbild, daß Mitarbeiter solange eingestellt werden, bis sie ihr Wissen und ihre Kreativität dem Unternehmen weitergegeben haben, um dann entlassen zu werden, da neue Mitarbeiter mit neuen Ideen gesucht werden.

Auch der Produktionsfaktor Kapital ist in weiten Bereichen erschöpft, d. h. es werden keine grundlegend neuen Entwicklungen mehr erwartet. Aus diesem Grunde werden die Unternehmen bemüht sein müssen, dem Produktionsfaktor Arbeit, und hier den schöpferischen Anteil, zu fördern. Das wird durch eine verbesserte Ausbildung, aber auch eine verstärkte Weiterbildung zu erreichen sein. Große Unternehmen wie Agfa, Siemens u. a. haben dies schon lange erkannt und bieten ihren Angestellten und Arbeitern ein breites Ausbildungsprogramm an. Sie sehen darin, und die Erfahrungen bestätigen dies, einen wesentlichen Beitrag zur Erhaltung des Unternehmens.

Vier Säulen werden die Zukunft unserer Unternehmen tragen. Eine Verbesserung der Betrieb- und Unternehmensorganisation, die Arbeitsstrukturierung und die Weiterbildung des Produktionsfaktors Arbeit.

Abb. 28: Das Unternehmen der Zukunft

6. Der Einfluß der Gesetzgebung auf das Unternehmen der Zukunft

6.1. Die Auswirkungen bei Großunternehmungen

Die deutsche Gesetzgebung sieht bei den Aktiengesellschaften drei Organe vor: Die Hauptversammlung, den Aufsichtsrat und den Vorstand. Nach der Mitbestimmungsgesetzgebung von 1976 werden die Kapitalgesellschaften mit 2000 und mehr Mitarbeitern paritätisch besetzte Aufsichtsräte zu bestimmen haben.

Aufgrund seiner Kompetenzen kann der Aufsichtsrat direkt und indirekt die Unternehmenspolitik und die Unternehmensstruktur beeinflussen:
1. Durch die Bestellung des Vorstandes kann er Einfluß auf die Führungspersönlichkeiten nehmen. Da diese wiederum das Geschehen im Unternehmen beeinflussen, ist eine gewisse Ausrichtung wahrscheinlich.
2. § 111 AKtG und hier besonders Absatz 4 lassen die Wirksamkeit bestimmter Arten von Geschäften nur mit Zustimmung des Aufsichtsrates rechtskräftig werden. Damit ist dem Aufsichtsrat neben der indirekten auch die direkte Eingriffsmöglichkeit in die Geschäftsführung des Vorstandes gegeben.

Weitere Auswirkungen, besonders auf die Unternehmensstruktur, zeichnen sich ab:

- Die Tätigkeitsmerkmale des Arbeitsdirektors nach dem neuen Mitbestimmungsgesetz läßt in Zukunft auf einen Aufbau der obersten Leitung nach dem Verrichtungsprinzip schließen. Es können jedoch aus der Strukturierung nach Produkten bzw. Produktgruppen (oder Regionen) durch die nun gesetzlich vorgeschriebene Hinzunahme des Arbeitsdirektors auch Matrix-Organisationen entstehen.

Wie dies geschehen kann, soll kurz dargestellt werden:
Werden bei der Matrix-Organisation auf der obersten Führungsebene zwei Merkmale berücksichtigt, so lassen sich zwei Formen in der Praxis einführen:

1. Eine Gruppe der Führungsmitglieder erhält produktorientierte Aufgaben, die anderen funktionsorientierte Aufgaben übertragen.
2. Ein Teil der Mitglieder der obersten Führung übernimmt regionalorientierte Aufgaben, der andere funktionsorientierte Aufgabenstellungen.

Bei der im vorgenannten Beispiel vorliegenden Organisation nach Produktgruppen erfolgt die Umstellung durch Hinzunahme des Ressorts des Arbeitsdirektors. Es soll durch diese Organisationsform die relativ umständliche und zeitraubende Teamarbeit ausgeschaltet werden und die jeweils am meisten betroffenen Beteiligten eine direkte Lösung ihrer Probleme zu erreichen versuchen.

Es muß hier allerdings hervorgehoben werden, daß, und da dürfte das Hauptproblem der Matrix-Organisation sein, bei Nichteinigung die Gefahr besteht, daß entweder Entscheidungen zu lange aufgeschoben werden oder aber »faule« Kompromisse zustande kommen.

Ein Lösungsvorschlag wäre der, daß bei jeweils vorher festgelegten Fragestellungen die objektorientierte Stelle und bei anderen die verrichtungsorientierte Stelle jeweils die letzte Entscheidung haben sollten.

– Soweit autoritäre Führungsformen bevorzugt werden, muß das Kollegialprinzip eingeführt werden. Dieses wird nicht unerheblich die Willensbildung innerhalb des Vorstandes beeinflussen.
– Das Betriebsverfassungsgesetz 1972 hat einen tiefgreifenden Wandel der Arbeitswelt der Bundesrepublik eingeleitet. Dieses gilt für alle Größenordnungen unserer Betriebe. Es ist nur zu ver-

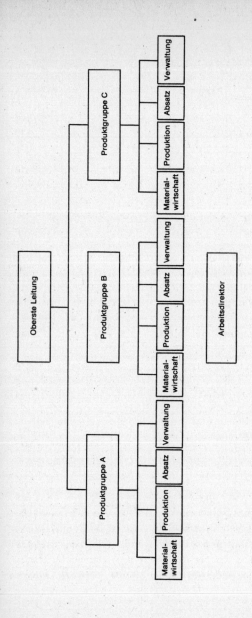

Abb. 29: Bisherige Organisationsstruktur (nach Produktgruppen allein)

	Leiter der Materialwirtschaft	Leiter der Produktion	Leiter des Absatzes	Leiter der Verwaltung	Arbeitsdirektor
Leiter der Produktgruppe A					///
Leiter der Produktgruppe B					///
Leiter der Produktgruppe C					///

Verrichtungsorientierte Unternehmensführung →

Produktorientierte Unternehmensführg. ↑

Abb. 30: Neue Organisationsstruktur (Matrix-Organisation)

ständlich, daß sich die Organisationsstrukturen ändern, wenn sich die Arbeitswelt verändert.

Wenn in die Beziehungen zwischen Arbeitgeber und Arbeitnehmer eingegriffen wird, kann das innere Gefüge des Unternehmens nicht unberührt bleiben.

Folgende Konsequenzen können festgehalten werden:
1. Neben den Einflüssen auf die Unternehmensspitze haben und werden sich auch Veränderungen der Führungsstruktur auf der mittleren und unteren Ebene ergeben.

   Der Vorgesetzte, gleichgültig auf welcher hierarchischen Stufe er steht, wird künftig einen Teil seiner Arbeitszeit für Gespräche mit seinen Mitarbeitern verwenden müssen. Diese Unterredungen werden der Information, Beurteilung und Anhörung der Untergebenen dienen.

   Das kann zu einer Überbeanspruchung führen, so daß der Zeitanteil für fachliche Aufgaben zu kurz kommt. Als Ausweg bieten sich kleinere Vorgesetztenbereiche an, die Delegation der Personalführungsfunktion oder die Erledigung der Aufgaben durch Teams.

   Als Konsequenz bedeutet das andere Anforderungen an die Führungsqualitäten. Nicht mehr der Fachmann allein kann eine Führungsposition erfolgreich ausfüllen. Jeder Leitende, auch auf der mittleren und unteren Ebene, muß »führen« können. Das bedeutet eine gewisse Verselbständigung in der Entscheidungsfindung und Entscheidungsausführung innerhalb der Funktionsbereiche, Ebenen und auch Abteilungen.

2. Durch das stark erweiterte Informations-, Beratungs-, Anhörungs-, Mitwirkungs- und Mitbestimmungsrecht des Betriebsrates ist dieser in die Organisation eingebaut worden. Wenn er über Planungen von Neu-, Um- und Erweiterungsbauten, technischen Anlagen, Arbeitsverfahren und -abläufen und der Arbeitsplätze zu unterrichten ist, und diese mit ihm zu beraten sind (§§ 90, 91 BVG.), so sind das erhebliche Rechte, die Einfluß auf die künftige Organisation haben werden. Zu denken ist auch daran, daß der Betriebsrat Maßnahmen zur Abwendung, Milderung oder zum Ausgleich von Belastungen der Arbeitnehmer verlangen kann, so bedeutet dies einen direkten Einfluß auf die Ablauforganisation.

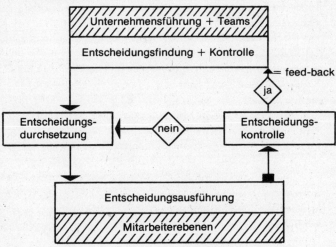

Abb. 31: Entscheidungsfindung und -durchsetzung.

3. Ein wichtiger Gesichtspunkt künftiger Unternehmensführung wird sein, daß es dem Management der obersten resp. oberen Ebenen gelingt, neben der Teilnahme an der Entscheidungsbildung auch die Entscheidungsdurchsetzung zu sichern. Dazu gehört ein entsprechendes Instrumentarium, mit dem die Anordnungsweitergabe schnell und reibungslos durchführbar wird. Unbedingt erforderlich ist, daß die Durchführung durch Kontrollen überwacht wird, die in Form eines feed-back in die Unternehmensleitung zurückfließen.

Entscheidungsfindung und Entscheidungsdurchsetzung dürften sich in verschiedener Richtung weiterentwickeln:

a) In der Führungsspitze großer Unternehmen wird die kooperative Entscheidungsfindung sich mehr und mehr durchsetzen. Da diese relativ viel Zeit in Anspruch nimmt, muß die Entscheidungsdurchsetzung beschleunigt werden. Dies geschieht dann durch eine autoritäre Entscheidungsdurchsetzung, die durch die neuen technischen Mittel ermöglicht werden wird. Außerdem dürfte die Kontrolle der Entscheidungen und deren Auswirkungen wesentlich vestärkt werden.

Die Qualität der Entscheidungsfindung und -vorbereitung wird sich verbessern. Dies geschieht einmal durch den Meinungs- und Erfahrungsaustausch im Führungsteam und zum anderen durch den verstärkten Einsatz der modernen Instrumentarien wie Operations Research, verbesserte Software für den Computer usw. Der Einsatz von Computern und anderen Betriebsmitteln zur Entscheidungsdurchsetzung wird von sich aus »autoritär« wirken, da dem Menschen kein Handlungsspielraum mehr gelassen wird.

Hierarchische Ebenen können und werden wegfallen, da eine ihrer Aufgaben, nämlich die Auslegung, Überwachung und Rückmeldung von Entscheidungen und deren Durchführung entfallen wird. Zusätzlich wird noch eine schnellere Überbrückung der verbleibenden Unternehmensebenen zu registrieren sein. Die Arbeitsbeziehungen werden noch unpersönlicher werden.

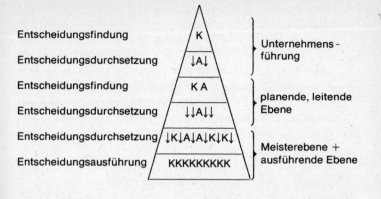

Abb. 32: Entscheidungsfindung und -durchsetzung

b) Auf den Zwischenebenen kann es zu kooperativen Zwischenabsprachen kommen (siehe teamorientierte Organisationsstrukturen S. 54 ff.) aber auch hier dürfte die Durchsetzung autoritär verlaufen.

c) Die Basis wird, wenigstens teilweise, verstärkt kooperativ handeln. Dazu tragen das Recht auf Mitbestimmung durch den Betriebsrat, die Einführung von Gruppenarbeit u. a. Arbeitsformen, sowie die starke informelle Gruppenbildung bei.

Die Entwicklung insgesamt läuft auf eine Entscheidungszentralisation mit einer Ausführungszentralisation hin, soweit eine Automatisierung möglich ist. Auf der anderen Seite wird wegen der Überschaubarkeit bei kleineren Betriebseinheiten eine Ausführungsdezentralisation angestrebt.

6.2. Die Auswirkungen bei kleinen und mittleren Unternehmungen

Das Betriebsverfassungsgesetz von 1972 hat eine Stärkung der Rechte des Betriebsrates gebracht. Das konnte nicht ohne Auswirkungen auf die kleinen und mittleren Unternehmungen bleiben. Diese sind jedoch bei weitem nicht so gravierend und betreffen, analog den Großunternehmungen, die Ebene der Mitarbeiter mehr als die Führungsebenen.

Die nachstehende Tabelle zeigt die Entscheidungen auf Unternehmens- und Betriebsebene. Dabei kann, mit Einschränkungen, gesagt werden, daß für Großunternehmen dies sowohl auf Unternehmensebene als auch auf Betriebsebene zutrifft. Bei den kleinen und mittleren Unternehmungen werden Auswirkungen überwiegend nur auf der Betriebsebene zu finden sein.

Die momentane innergewerkschaftliche Diskussion über die Mitbestimmung wird früher oder später der Öffentlichkeit bekannt werden. Dann wird es sich zeigen, inwieweit die Gewerkschaft eine Ausdehnung der Mitbestimmung anstrebt. Es ist vorauszusehen, daß sie diese, soweit es eine juristisch festlegbare Möglichkeit gibt, einerseits auf kleinere Unternehmen als bisher ausgedehnt haben, andererseits einen möglichst großen Personenkreis (gegebenenfalls auch die leitenden Angestellten) erfassen will.

Interessant ist auch, daß die Entwicklung in den USA anders verläuft. Grund dafür ist der wohl unterschiedliche gewerkschaftliche Einfluß und die andere Interessenlage der amerikanischen Gewerkschaften. Die Amerikaner interessieren sich praktisch nicht für unsere Art der Mitbestimmung, sondern sehen das Unternehmensziel als vordringlich an.

	UNTERNEHMEN	
	Führungsentscheidungen (Besondere Bedeutung für die Beschäftigten sowie für die Vermögens- und Ertragslage – Ausgerichtet auf das Unternehmensganze – nicht delegierbar)	
Unternehmensebene	Gebiete grundlegender Entscheidungen	Bereiche laufender Entscheidungen
	Betriebsgründung Erweiterung Sanierung Liquidation (auch von Betriebsstellen)	Absatz (z. B. Preisgestaltung, Werbung), Produktion (z. B. Produktionsprogramm, -verfahren, Kapazitätsauslastung), Einkauf (z. B. Bezugsquellen), Lagerung (z. B. Lagergröße), Personalbereich (z. B. Einstellung, Entlassung, Arbeitssicherheit), Finanzbereich (z. B. Kreditaufnahme)
Betriebsebene	Entscheidungen im Rahmen der vorgegebenen Führungsentscheidungen	
	Arbeits- und Arbeitsablauforganisation Arbeitsplatzgestaltung Einzelentscheidungen in Teilbereichen	Arbeitseinsatz, Betriebsmitteleinsatz, Materialfluß, Aus- und Fortbildung, Lohnfindung, Sozialwesen, Arbeitszeitregelung, Arbeitsschutz, Einstellung, Umsetzung, Entlassung.

Abb. 33: Entscheidungen auf Unternehmens- und Betriebsebene

6.3. Die Mitbestimmung in Großunternehmungen

Das Mitbestimmungsgesetz, das am 1.7.76 in Kraft trat, und Konzernen sowie Kapitalgesellschaften mit mehr als 2000 Arbeitnehmern einen neuen Modus zur Besetzung der Aufsichtsräte bringt, ist ein gesellschaftspolitisch bedeutsames Gesetzvorhaben.

Folgende Probleme und Auswirkungen dürften auftreten:
1. Ein kompliziertes, sich lange hinziehendes Wahlverfahren erschwert die Aufstellung des Aufsichtsrates und damit dessen Entscheidungsmöglichkeiten.
2. Der mit dem Gesetz ausgehandelte politische Kompromiß ist so auslegungsbreit, daß er durch eine große Anzahl von Urteilen des Bundesarbeitsgerichtes wird ausgelegt werden müssen.
3. Es ist ohne Zweifel ein erheblicher Einfluß der Arbeitnehmerseite eingetreten, wenn auch die Parität nicht ganz verwirklicht wurde.
4. Es ist nicht von der Hand zu weisen, daß dies Auswirkungen auf die vom Aufsichtsrat mitzutragenden unternehmerischen Entscheidungen haben wird und mindestens zu einer Erschwerung schneller Beschlüsse führen kann.
5. Grundsätzlich ist allerdings nicht zu erwarten, daß dies jedem im marktwirtschaftlichen System arbeitenden Unternehmen vorgegebene Unternehmensziel, die Rentabilität, nicht beachtet werden wird. Ob dies allerdings in Krisenzeiten so sein wird, ist umstritten.
6. Nach § 15 (2) des Mitbestimmungsgesetzes muß sich mindestens ein leitender Angestellter im Aufsichtsrat befinden. Studiert man den Gesetzestext genau, so stellt man fest, daß diesem Personenkreis bei Abstimmungen oft die Funktion »des Zünglein an der Waage« zukommen wird. Daraus ergeben sich mit Sicherheit schwerwiegende menschliche und fachliche Probleme für diese leitenden Angestellten, zumal diese auf der einen Seite Arbeitnehmer sind, auf der anderen besondere Verantwortung tragen und sich dadurch oft innerlich mit »dem Kapital« identifizieren.

7. Problematisch wäre eine Situation – und diese ist nicht unbedingt auszuschließen –, daß sich die Arbeitnehmervertreter nicht mehr von dem Wohl des Unternehmens, sondern von anderen Interessen leiten lassen, wie politischen oder persönlichen, bzw. Verbandsinteressen. Diese Frage könnte dann akut werden, wenn in einem Unternehmen, z. B. bei konjunkturellen Schwierigkeiten, Entscheidungen über Einschränkungen der Produktionstätigkeit gefällt werden müssen.
8. Positiv ist von vielen Seiten die Möglichkeit der sozialen Integration herausgestellt worden.
9. Die Mitbestimmung verändert bzw. beeinflußt die Entscheidungsfindung und Entscheidungsdurchsetzung in der Unternehmensspitze ganz wesentlich:
a) Technologische Veränderungen: Gegen neue technische Verfahren wird Einspruch erhoben aus Gründen der Rationalisierung von Arbeitsplätzen.
b) Festlegung neuer oder geänderter Unternehmensziele: Die Prinzipien und Richtlinien, die den nachgeordneten Stellen als Leitbild dienen, werden neu festgelegt.
c) Regelung der Zusammenarbeit zwischen der Unternehmensspitze und den nachgeordneten Stellen, Personen und Personengruppen.
d) Die Rechtsform: Die gegenwärtige Mitbestimmung geht überwiegend von der Form der Aktiengesellschaft aus. Grundsätzlich läßt sie sich nur dort durchführen, wo ein Kollegium die Entscheidungen trifft.
e) Führungsstil: Nur der kooperative Führungsstil ermöglicht die Durchführung einer Führungsform unter Mitwirkung der Arbeitnehmer.
f) Die finanzielle Struktur: Je nach Art der Finanzierung und Liquidität des Unternehmens können die Arbeitsbedingungen und die Arbeitsverfahren gestaltet werden.
g) Auswahl des Personals: Vor allem bei der Besetzung der Führungspersönlichkeiten wird mehr als vorher die Persönlichkeit beachtet werden, gegenüber den fachlichen Qualitäten.

6.4. Die Frage des Miteigentums an den Unternehmen

In den letzten Jahren sind eine Vielzahl von Mitarbeiterbeteiligungen am Firmenkapital entstanden. Diskutiert wurden z. B. das Pieroth-Modell, das Bertelsmann-Modell, das Spiegel-Modell usw. Grundsätzlich lassen sich zwei Typen von Beteiligungssystemen unterscheiden.

Typisierung	Typ 1	Typ 2
Definition	Die **reine Kapitalbeteiligung** geht davon aus, daß ein Gewinnanspruch letztlich nur dem Kapital zusteht. Aus diesem Grund wird die Beteiligung über Kapital-Anteile der Mitarbeiter am Unternehmen begründet.	Die **laboristische Kapitalbeteiligung** unterstellt, daß ein Gewinn nur durch die Zusammenarbeit von Kapital und Arbeit erzielt werden kann. Deshalb soll auch der Produktionsfaktor Arbeit Anspruch auf einen Teil des Gewinnes haben. Dieser wird nicht ausbezahlt, sondern bleibt für Investitionszwecke im Unternehmen.
Bevorzugte rechtliche Ausgestaltung in der Praxis	Mittelbetriebe:	Arbeitnehmerdarlehen, stille Beteiligung
	Großbetriebe:	Ausgabe von Schuldverschreibungen, Belegschaftsaktien

Es sprechen viele Anzeichen dafür, daß zu den rund 3000 Unternehmen in der Bundesrepublik, die ihre Mitarbeiter beteiligen, immer mehr dazu kommen. Viele Unternehmen haben nämlich erkannt, daß sie auf diese Weise das fehlende Eigenkapital beschaffen, bzw. das Fremdkapital abbauen können. Neben den sozialen und sozialpolitischen können auch organisationssoziologische Gründe (Betriebsklima, Teamverhalten) herangezogen werden.

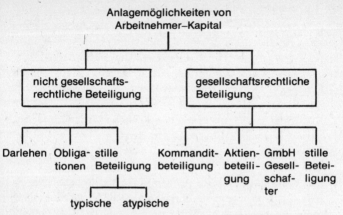

Die möglichen Anlageformen lassen sich in gesellschaftsrechtliche und nicht gesellschaftsrechtliche Beteiligungen unterteilen.

Die Frage der Mitbestimmung durch Miteigentum wurde schon in vielen Modellen diskutiert (siehe z. B. Hans Peter Steinbrenner, Hans H. Wenkebach: »Arbeitsorientierte Unternehmensverfassung – Ein Weg zur Mitbestimmung zur Mitverantwortung« – Edition Gesellschaft + Unternehmen, Verlag Campus)

Zusammenfassend sind grundsätzlich folgende Lösungswege vorstellbar:
1. Die wirtschaftliche Verfügungsmacht, also das Produktivvermögen, wird verstaatlicht.
2. Die Macht des Kapitals wird durch die Gegenmacht der Arbeit neutralisiert.
3. Die Macht ist so breit zu streuen, daß sie ähnlich der Machtform des Polypols keine Macht mehr darstellt und so zur Freiheit führt. Dies ließe sich erreichen:
   – indem die Arbeitnehmer am Kapital beteiligt werden oder,
   – indem das Unternehmensrecht so erweitert wird, daß nicht nur Kapital Arbeit kaufen kann, sondern auch Arbeit Kapital kaufen kann.

Während die Gewerkschaft wohl mehr dem 2. Lösungsweg zugeneigt ist, wird hinter den verschlossenen Türen der Arbeitgeber und deren Verbänden die 3. Lösung bevorzugt besprochen. Rein ideenmäßig haben sich viele Unternehmen und Unternehmungen mit den Gedanken von Miteigentum der Arbeitnehmer vertraut gemacht. Nachstehende Gründe stehen dem aber noch entgegen:
1. Der Wunsch, »Herr im Hause« zu bleiben,
2. Der Widerstand derjenigen, die sich, aus welchem Grunde auch immer, gegen das Miteigentum sperren.
3. Die juristischen Möglichkeiten aufgrund des vorhandenen Gesellschaftsrechts.
4. Das Problem des Risikos (Gewinn- und Verlustbeteiligung)
(Siehe zu dieser Problematik: Wirtschaftswoche Nr. 25 vom 13.6.75: »Unternehmensverfassung: Mitbestimmung durch Miteigentum«.)

6.5. Das Bundesdatenschutzgesetz und seine Auswirkungen auf die Organisation

1984 ist noch nicht gekommen, aber dennoch haben sich in den letzten Jahren die Stimmen gemehrt, die vor der weiteren Anwendung der Datenverarbeitung, vor allen Dingen im persönlichen Bereich, dringend mahnen. In England hat sich eine »Gesellschaft zur Abschaffung der Computer« gebildet. Das ist sicherlich ein Einzelfall, jedoch soll der nächste Abschnitt zeigen, warum das Datenschutzgesetz, also das Gesetz zum Schutze der persönlichen Daten, die in Computern gespeichert sind, von großer Bedeutung ist.

Mindestens 300 persönliche Daten über jeden Bürger sind im Durchschnitt in den Computern Deutschlands gespeichert. Viele Personen wissen nicht, *wo* Daten über sie gespeichert worden sind, *welche* Daten über sie gespeichert worden sind und sie haben keine Ahnung, daß sie beim Ausfüllen eines Formulars, das auch persönliche Fragen enthält, einem Informationssystem auf Computerbasis Antworten gegeben haben, die vielleicht niemals mehr gelöscht werden.

Wo werden z. B. Daten erfaßt

– Bundeswehr
Jeder Soldat, der bei der Bundeswehr gewesen ist, ist mit fast 400
Fragen erfaßt. Dazu gehören Fragen, die bis weit ins Intimleben
hineinreichen und mit Sicherheit gegen den Betroffenen negativ
ausgelegt werden könnten, wenn sie falschen Personen in die
Hände geraten.
– Finanzämter
Auch Finanzämter verfügen über eine große Anzahl von Daten,
von denen manch ein Mitbürger nichts weiß, von denen er aber
sicherlich nicht wünschen würde, daß sie dem Arbeitgeber in die
Hände fallen. (z. B. bei Beamten).
– Polizei
Über 650 000 Straftäter wurden allein vom Polizeicomputer in
Schleswig-Holstein 1977 geführt. Aber auch in anderen Ländern
sind Tausende von Personen gespeichert und können nach den
verschiedensten Kriterien wieder aufgesucht und herausgefunden
werden.
– Reiseveranstalter
Sie speichern neben dem Namen und der Adresse auch die Personen, mit denen man in den Urlaub gereist ist, die Ferienwünsche,
die Ferienorte, also insgesamt die Reisegewohnheiten eines jeden
Reisenden mit einer großen Anzahl von Angaben. So ist es z. B.
für einen Reiseveranstalter kein Problem, die Personen herauszufinden, die mehrfach in eine bestimmte Stadt, z. B. in den Ostblock, gereist sind.
– Banken
Banken haben einen genauen Überblick über die Kunden. Sie
können ihre Kunden nach beliebigen Kriterien aussortieren, nach
Berufen, Alter, Geschlecht, Anzahl der im Laufe der Jahre aufgenommenen Kredite, Zahl der Überziehungen usw.
– Versandhäuser
Versandhäuser haben ebenfalls einen guten Überblick über die
Lebensgewohnheiten der Deutschen und können mit den ent-

sprechenden Programmen herausfinden, wer was, wann, in welchen Mengen bezogen hat. Das ist selbstverständlich auch im Bereich der Intimsphäre möglich.
- Versicherungen
Wahrscheinlich haben die Versicherungen die meisten kritischen Angaben über einzelne Personen. Sie können Krankheitsbilder und Krankheitsentwicklungen feststellen und es sind Fälle bekannt, bei denen eine Versicherung Adressen an Polizeibeamte weitergegeben hat.
- Kraftfahrt-Bundesamt
Das Kraftfahrt-Bundesamt speichert eine große Fülle von Daten über Autofahrer und deren Verkehrsdelikte sowie über die von ihnen gefahrenen Autos wie z. B. Alter des Fahrzeugs, Wagenmarke und Typ, aber auch die Fahrgestell- und Motornummer. Kommen diese Daten in falsche Hände, so können sie von Mitbewerbern gezielt ausgewertet werden. Z. B. es wird festgestellt, daß eine Marke von einem Besitzer mehr als zwei Jahre gefahren worden ist, dann kann dieser von einem Mitbewerber angeschrieben und zum Kauf eines neuen Autos überredet werden.

Persönliche Daten in Betrieben

Großunternehmen setzen selbstverständlich Datenbanken ein, die eine unglaubliche Fülle von Kriterien über die Mitarbeiter gespeichert haben. Das geht von Beurteilungen über die einzelnen vorhandenen oder erworbenen Fähigkeiten bis zur Speicherung von Daten über das Fehlverhalten im Betrieb. Werden diese Daten zwischen Firmen ausgetauscht, dann kann man sich leicht vorstellen, daß ein Arbeitssuchender wegen einer vielleicht nur geringfügigen Verfehlung, die schon jahrelang zurückliegt, keinen Arbeitsplatz mehr in einer anderen großen Firma finden wird.

Der Gesetzgeber hat die Problematik des Datenaustausches erkannt und versucht mit dem seit 1977 schrittweise einzuführenden Datenschutzgesetz zumindest die gröbsten Vestöße zu verhindern. Sicherlich bedarf es aber noch einer Reihe von Änderungen und Ergänzungen, bis der Bürger bzw. bis seine persönlichen Daten wirklich ausreichend vor Mißbrauch geschützt werden.

Die organisatorischen Konsequenzen des Datenschutzgesetzes sind umfassend und sollen hier nur exemplarisch dargestellt werden.

Das Datenschutzgesetz soll personen-bezogene Daten natürlicher Personen, die zur Weitergabe an Dritte bestimmt und in Dateien gespeichert sind und mit einem beliebigen Verfahren bearbeitet werden, vor Mißbrauch und Manipulation schützen. Unter personenbezogenen Daten sind nach § 2 des BDSG »Einzelangaben über persönliche oder sachliche Verhältnisse einer bestimmten oder bestimmbaren natürlichen Person (Betroffener)« zu verstehen.

Das Datenschutzgesetz fordert einen Datenschutzbeauftragten, abhängig von der Anzahl der in der Datenverarbeitung tätigen Mitarbeiter. Es wird jedoch auch im privatwirtschaftlichen Bereich eine Kontrolle durch eine Aufsichtsbehörde vorgenommen werden.

Das aufzubauende Sicherungssystem muß derart organisatorisch durchdacht werden, daß es wirkungsvoll die möglichen Fehlsteuerungen der Datenverarbeitung verhindert. Unter anderem muß ein Schutz gegen:

- Datenverfälschung
- Fehlverarbeitung
- Datenverlust
- Datenzerstörung
- Datenentwendung
- Datenmißbrauch usw.

gewährleistet sein.

Aus diesem Grunde sind eine Reihe von Kontrollen notwendig. Sie müssen in das Datenverarbeitungssystem eingebaut werden und vom Datenschutzbeauftragten überwacht werden. Es handelt sich dabei um:

Zugangskontrolle: Unbefugten ist der Zugang zu Datenverarbeitungsanlagen, mit denen personenbezogene Daten verarbeitet werden, zu verwehren.

Abgangskontrolle: Personen, die bei der Verarbeitung personenbezogener Daten tätig sind, sind daran zu hindern, Datenträger unbefugt zu entfernen.

Speicherkontrolle: Die unbefugte Eingabe in den Speicher sowie die unbefugte Kenntnisnahme, Veränderung oder Löschung gespeicherter personenbezogener Daten ist zu verhindern.

Benutzerkontrolle: Die Benutzung von Datenverarbeitungssystemen, aus denen oder in die personenbezogene Daten durch selbständige Einrichtungen übermittelt werden, durch unbefugte Personen ist zu verhindern.

Zugriffskontrolle: Es ist zu gewährleisten, daß die zur Benutzung eines Datenverarbeitungssystems Berechtigten durch selbsttätige Einrichtung ausschließlich auf die ihrer Zugriffsberechtigung unterliegenden Personen bezogenen Daten zugreifen können.

Übermittlungskontrolle: Es ist zu gewährleisten, daß überprüft und festgestellt werden kann, an welche Stellen personenbezogene Daten durch selbsttätige Einrichtungen übermittelt werden können.

Eingabekontrolle: Es ist zu gewährleisten, daß nachträglich überprüft und festgestellt werden kann, welche personenbezogenen Daten zu welcher Zeit von wem in Datenverarbeitungssysteme eingegeben worden sind:

Auftragskontrolle: Es ist zu gewährleisten, daß personenbezogene Daten, die im Auftrag verarbeitet werden, nur entsprechend den Weisungen des Auftraggebers verarbeitet werden können.

Transportkontrolle: Es ist zu gewährleisten, daß bei der Übermittlung personenbezogener Daten sowie beim Transport entsprechender Datenträger diese nicht unbefugt gelesen, verändert oder gelöscht werden.

Organisationskontrolle: Die innerbehördliche oder innerbetriebliche Organisation muß so gestaltet werden, daß sie den besonderen Anforderungen des Datenschutzes gerecht wird.

Wie aus den oben genannten Punkten zu erkennen ist, wirkt sich das Datenschutzgesetz auf die meisten Bereiche der Informationsverarbeitung aus und hat selbst Auswirkungen auf die organisatorische Gestaltung des Rechenzentrums. Hier sei jedoch nur auf die Stellung des betrieblichen Datenschutzbeauftragten hingewiesen, der nach § 28 bzw. § 38 des BDSG bereits zum 1. Juli 1977 bestellt werden mußte, wenn personenbezogene Daten von natürlichen oder juristischen Personen, Gesellschaften oder anderen Personenvereinigungen des privaten Rechts für eigene Zwecke oder geschäftsmäßig für Fremdzwecke verarbeitet werden.

Der Datenschutzbeauftragte ist *unmittelbar der Geschäftsleitung zu unterstellen* und sollte die zur Erfüllung der Aufgaben erforderliche Fachkunde und Zuverlässigkeit besitzen. Auf dem Gebiet des Datenschutzes ist er weisungsfrei, er darf wegen der Erfüllung seiner Aufgaben nicht benachteiligt werden und ist entsprechend zu unterstützen. Die in § 29 des BDSG für ihn vorgesehenen Aufgaben sind:
- Sicherstellung der Vorschriften über den Datenschutz
- Führungen von Übersichten über die Art der gespeicherten Daten, über die Geschäftszwecke, über regelmäßige Empfänger sowie über die Art der eingesetzten EDV-Anlagen.
- Überwachung der ordnungsgemäßen Anwendung der EDV-Programme.
- Datenverarbeiter mit den Datenschutzvorschriften vertraut zu machen.
- Mitwirkung und Beratung bei der Auswahl von EDV-Personal.

Der Datenschutzbeauftragte (DSB) in der Aufbauorganisation

Prinzipiell gibt es drei Möglichkeiten für den Einsatz eines Datenschutzbeauftragten. Der Datenschutzbeauftragte kann als *Stabsstelle* der Unternehmensleitung direkt zugeordnet sein. Er befaßt sich in diesem Falle ausschließlich mit dem Datenschutz im gesamten Unternehmen.

Der Datenschutzbeauftragte kann jedoch auch als *Mitarbeiter einer Abteilung* die Aufgaben des DSB zusätzlich wahrnehmen. In diesem Fall ergibt sich eine Doppelunterstellung, und zwar als Mitarbeiter dem Abteilungsleiter und als Datenschutzbeauftragter der Unternehmensleitung.

Der externe Datenschutzbeauftragte kann durch ein Vertragsverhältnis verpflichtet werden, wenn wegen der personellen und / oder finanziellen Möglichkeiten kein eigener Datenschutzbeauftragter eingesetzt wird.

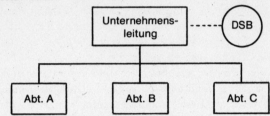

Abb. 34: Der Datenschutzbeauftragte als Stabsstelle

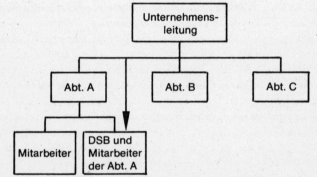

Abb. 35: Der Datenschutzbeauftragte als Mitarbeiter einer Abteilung

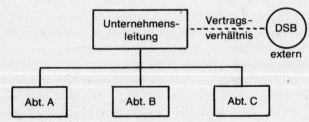

Abb. 36: Der externe Datenschutzbeauftragte

7. Die langfristigen Entwicklungen der Unternehmungen

Die Betriebswirtschaftslehre läßt sich in ihrer Entwicklung in vier Phasen unterteilen, die ihre Auswirkungen auf die Unternehmungen und Betriebe hatten, bzw. diese widerspiegeln:
1. Die betriebswirtschaftliche Kunstlehre, wie sie Schmalenbach gesehen hat. Diese bestand aus Buchhaltung, Bilanz, Kalkulation, Betriebsabrechnung usw.. Es kann hier von einer betriebswirtschaftlichen Technik gesprochen werden.
2. Die mathematisch-orientierte Betriebswirtschaftslehre.
3. Die entscheidungsorientierte Betriebswirtschaftslehre.
4. Die sozialorientierte Betriebswirtschaftslehre (nach Mellerowicz). Diese könnte auch als sozio-technologische Unternehmensführung bezeichnet werden. Hier wird der Arbeitswissenschaft besondere Bedeutung eingeräumt.

Die Gründe für diese Entwicklungen in der Vergangenheit wurden schon besprochen. In den nachfolgenden Ausführungen soll versucht werden, die langfristigen Auswirkungen zu behandeln.
1. In der Bundesrepublik, wie in allen Industrienationen, haben die vielen neuen Technologien insbesondere die mittleren und kleinen Unternehmen überfordert. Die Großunternehmen besitzen eigene Entwicklungs- und Forschungsinstitutionen und haben daher einen direkten Zugang zu den Innovationen. Die Klein- und Mittelbetriebe können sich eine derartig aufwendige Forschung nicht leisten. In Zukunft werden sie sich aber hier mehr engagieren müssen, um im Wettbewerb zu bestehen. In die Praxis umgesetzt wird das bedeuten, daß gemeinsam Forschungszentren in Anspruch genommen oder Forschungsstäbe gebildet werden müssen.

2. Es wird mit längerfristigen Strukturwandlungen zu rechnen sein. Nach einer Prognose (H. Wolff und P. Hofer, Analyse und Prognose der Unternehmensgrößenstruktur. Prognose A G im Auftrag des Bundesministers für Wirtschaft, Basel 1975, S. 19 ff.) haben kleine Unternehmen in Zukunft verbesserte Chancen. »Diese Tendenz wird unterstützt durch die zu erwartende Richtung des technischen Fortschritts, der in Zukunft vermutlich weniger stark durch Großprojekte, als vielmehr durch die Anwendung von Erfindungen auf die verschiedensten Teilbereiche der Tätigkeiten und des Güter- und Dienstleistungsangebots geprägt wird. Kleinen Unternehmen (ein bis neun Beschäftigte) dagegen wird es eher gelingen, Tätigkeitsbereiche zu finden, an denen Großunternehmen entweder wegen des niedrigen Absatzvolumens oder auf Grund einer ausgeprägten Arbeitsteilung zwischen kleinen und großen Unternehmen (z. B. bei Serviceleistungen jeder Art) nicht interessiert sind.« Die Prognose-Studie kommt für die Entwicklung der Beschäftigtenzahlen in den Betriebsgrößen zu folgendem Ergebnis:

Unternehmensgrößen nach Beschäftigten	Anteil der Beschäftigten in Prozent		
	1961	1970	1985
1 bis 9	24,4	22,0	21,5
10 bis 49	16,0	15,9	16,9
50 bis 99	7,3	7,1	7,6
100 bis 199	7,2	7,3	7,8
200 bis 499	9,4	9,9	9,0
500 und mehr	35,7	37,8	37,2

3. Trotz der im Moment herrschenden Arbeitslosigkeit ist langfristig die Verknappung des Produktionsfaktors Arbeit vorauszusehen. Da die geburtenschwachen Jahrgänge in absehbarer Zeit auf dem Arbeitsmarkt erscheinen werden, ist eine systematische Personalpolitik geboten, um das Unternehmensziel erreichen zu können. Neue Technologien sollten im Hinblick auf diese Tatsache vorbereitend entwickelt werden.

Für die gegenwärtige Arbeitsmarktlage kommen die vielen Innovationen äußerst ungelegen, da sie Arbeitskräfte vermehrt freisetzen. In einigen Jahren werden sie notwendig sein, um den dann gegebenen Produktionsstandard weiter steigern oder doch mindestens halten zu können. Diese stark verminderte Zahl von Arbeitskräften läßt den Schluß naheliegen, daß die Aufbauorganisation geändert werden muß. Dies dürfte durch eine Verminderung der hierarchischen Ebenen geschehen; hier vor allem im Mittelbau und Unterbau und durch einen verstärkten Einsatz technischer Hilfsmittel (Industrieroboter, EDV) auf den untersten Mitarbeiterebenen.

4. In verstärktem Maße werden gesamtwirtschaftliche und gesellschaftliche Faktoren die betrieblichen Entscheidungen beeinflussen. Vor allem die gesamtwirtschaftlichen Zusammenhänge werden so stark werden, daß ein Betrieb in Zukunft nicht mehr isoliert gesehen werden kann.

Dies bedeutet, daß vor allem für Klein- und Mittelbetriebe eine systematische Information betrieben wird. Aus diesem Grunde werden neue Formen der Kooperation gefunden werden müssen. Das kann durch Verbände, durch Informations-Service-

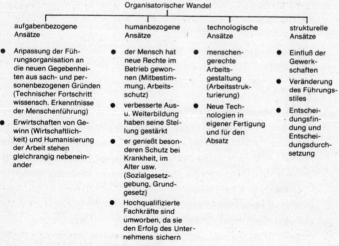

Abb. 37: Organisatorischer Wandel

Formen, genossenschaftliche Zusammenschlüsse u. a. geschehen. Eine Zusammenarbeit, wie es z. B. im Bereich des Handels, hier allerdings mehr im Bereich des Einkaufs (Spar, Edeka), aber auch des Marketing geschieht, ist denkbar.

5. Erschreckend wenige Unternehmen haben eine wirkliche Unternehmensplanung. Unternehmensziele werden nicht festgelegt, keine Unternehmensstrategien entwickelt und nicht einmal der Aufbau eines flexiblen Systems kurz- und mittelfristiger Unternehmensplanung betrieben.

6. Ein wesentlicher Faktor für das Management dürfte die richtige und schnelle Information sein. Es bereitet naturgemäß erhebliche Schwierigkeiten, aus der Flut von Informationen die für das Unternehmen wesentlichen Informationen herauszufinden. Dabei spielt die Undurchlässigkeit der Unternehmensebenen eine gewichtige Rolle. Je mehr Ebenen eine Hierarchie aufweist, d. h. je nach Leitungstiefe, um so undurchdringlicher wird diese für den Informationsfluß im Unternehmen.

Wenn heute Bestrebungen im Gange sind, die Leitungstiefe zu verringern, so u. a. aus diesem Grunde. Durch ein entsprechendes Informationssystem hoffen die Unternehmensleitungen die Informationen von den unteren Ebenen früher und »ungefiltert« zu erhalten.

Umgekehrt verspricht man sich einen verbesserten Informationsweg von der Unternehmensspitze zu den nachgeordneten Ebenen.

7. Die moderne Personalpolitik bedeutet mehr Motivation der Mitarbeiter mit dem Ziel der Selbstverwirklichung. Dazu dient die Delegation von Verantwortung und zwar so weit nach unten wie möglich. Im großen Rahmen der Unternehmenszielsetzung bedeutet dies Management by Objectives (= Führung mit Zielvorgabe)

8. Fragen der betriebswirtschaftlichen Steuerung bedeuten besonders bei Großbetrieben Delegation von Verantwortung, d. h. Arbeitsverteilung auf untergeordnete Stellen. In Zukunft wird diese Übertragung der Zuständigkeiten oft auch auf Gruppen

geschehen. Soweit eine Teilnahme an der Entscheidungsbildung gestattet wird, setzt dies auch die Möglichkeit der Entscheidungsdurchsetzung voraus.

9. Fragen der gesellschaftlichen Organisation sind Fragen des Eigentums. In einer Zeit, in der die Kontrolle der Unternehmungen vom Kapitalbesitz auf das Management übergeht, wird die Frage des Kapitalbesitzes immer interessanter. Nicht zuletzt hängt das Interesse der jeweiligen Belegschaft oder sonstiger privater Kapitalgeber an einer Kapitalbeteiligung auch davon ab, ob eine Einflußnahme auf das Unternehmen gegeben ist und welcher Art diese ist. Die Diskussion um die Mitbestimmung hat die Interessen der vielen kleinen Kapitaleigner (oder möglicher Kapitalgeber) völlig außer acht gelassen.

10. Mitbestimmung aus der Sicht von Kapitalgebern und Arbeitnehmern wird, im beiderseitigen Interesse die Bestimmung der Zielsetzung eines Unternehmens, die Vermögensbildung sowie die Gewinnbeteiligung betreffen müssen.

11. Alle Entwicklungen und Veränderungen an der Basis oder an der Spitze eines Unternehmens haben Wirkungen für sich selbst. Sie beeinflussen sich aber auch gegenseitig. Grundsätzlich ist festzuhalten, daß Klein- und Mittelbetriebe immer beweglicher sein werden als Großbetriebe. Letztere gleichen diesen Nachteil durch die großen Stückzahlen, die eine Umlegung der Fixkosten auf mehr Stück ermöglichen (Gesetz der Massenproduktion), durch den Einsatz technischer Mittel, deren Anschaffung auf Grund der breiten finanziellen Basis eher möglich ist und den höheren Grad an Informiertheit aus.

8. Die Grundsätze für das Management in der Zukunft

1. Festlegen von Unternehmenszielen.
2. Disponieren, d. h. planmäßiges Handeln in allen Führungsbereichen. Herausziehen von Teams oder Einsatz von Teamstrukturen. Planungen auf alle Funktionsbereiche des Unternehmens beziehen.
3. Mit Hilfe eines Informationssystems für alle Ebenen der betrieblichen Führung alle Entscheidungen exakt vorbereiten.
4. Die Aufbauorganisation den Anforderungen entsprechend nach modernen Gesichtspunkten gestalten.
5. Stäbe, Teams sowie die Linienfunktionen in der Arbeit nicht behindern.
6. Der Aufbau eines gut funktionierenden Kontrollsystems, Festlegung von Normen, Standards, Zeitvorgaben usw.
7. Entlastung der Vorgesetzten durch »Management by Exception« (= Unternehmensführung nach dem Prinzip der Ausnahme), oder »Management by Objectives« (= Unternehmensführung durch Vorgabe von Zielen). Der Vorgesetzte hat nur noch dann einzugreifen, wenn gesetzte Normen nicht eingehalten werden.
8. Delegation von Aufgaben, Kompetenzen und Verantwortung, soweit erforderlich, Zusammenfassen aller mit der betrieblichen Organisation zusammenhängenden Planungs-, Steuerungs- und Überwachungsarbeiten, soweit sie das Gesamtunternehmen betreffen.
9. Sinnvoller Einsatz aller technischen und organisatorischen Mittel und Möglichkeiten zur Entlastung des Menschen von Routinearbeit. Ausbildung aller Mitarbeiter im Hinblick auf die künftigen betrieblichen Erfordernisse, insbesondere Führungswissen, Führungsverhalten und Führungsmittel.

Literaturhinweise

(In den zitierten Büchern und Zeitschriften finden sich weitere Hinweise auf die entsprechende Literatur)

Bücher:

Spitschka, H.: Praktisches Lehrbuch der Organisation, München 1975
Jamin-Brenneis: Praktisches Lehrbuch der Datenverarbeitung, München 1975
Autorenteam: Repetitorium für Betriebswirte, München 1975
REFA-Methodenlehre des Arbeitsstudiums, München 1972
REFA-Methodenlehre der Planung und Steuerung, München 1974
Anschütz, H.: Kybernetik – kurz und bündig, Würzburg 1967
Beer, St.: Kybernetik und Management, Frankfurt/M. 1967
Jamin, Kl.: Entscheidungsorientiertes Management als Regelkreis, 1976
Spitschka, H.: Der Standort der Betriebe, München 1976
Jamin–Roos–Spitschka: Organisation und Datenverarbeitung, Bad Homburg v. d. H. 1977
Schmidtke, H.: Ergonomie 1 und 2, München 1973/1974

Zeitschriften:

REFA-Nachrichten, Zeitschrift des Verbandes für Arbeitsstudien –REFA– e. V.
Zeitschrift für Organisation, herausgegeben von der Gesellschaft für Organisation, Mainz-Kastel
Betriebswirtschaftsmagazin, Wiesbaden

Der graduierte Betriebswirt, Wiesbaden
Wirtschaftswoche, Das Nachrichtenmagazin für die Wirtschaft, Der deutsche Volkswirt, Düsseldorf–Frankfurt
Capital, Das deutsche Wirtschaftsmagazin, Köln

Anschauungsmittel:

ESV-Unterrichtstransparente zur Einführung in die elektronische Datenverarbeitung, 5 Bände; v. Kl. Jamin; Erich Schmidt Verlag Bielefeld

ESV-Unterrichtstransparente, Grundlagen der Organisation, Mappe 1, Erich Schmidt Verlag, Bielefeld 1977

Spitschka, H.: Lehrbildfolien in Kassetten. TLV Verlag A. Schaarschmidt, Zell a. A. Kassette 1: Organisation I – Grundbegriffe, 1977, Kassette 2: Organisation II – Aufbauorganisation, 1977